बौद्ध धर्म
और
पर्यावरण

बौद्ध धर्म और पर्यावरण

डॉ. ध्रुव कुमार

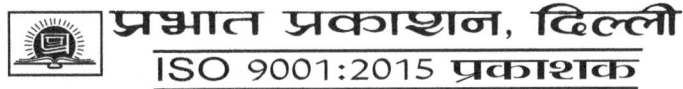
प्रभात प्रकाशन, दिल्ली
ISO 9001:2015 प्रकाशक

प्रकाशक • **प्रभात प्रकाशन**
4/19 आसफ अली रोड,
नई दिल्ली-110002
सर्वाधिकार • सुरक्षित
संस्करण • प्रथम, 2019

BAUDDHA DHARMA AUR PARYAVARAN
by Dr. Dhrub Kumar
Published by Prabhat Prakashan, 4/19 Asaf Ali Road, New Delhi-2
e-mail: prabhatbooks@gmail.com   ISBN 978-93-5322-474-5

भूमिका

मनुष्य जन्म लेता है और एक दिन इस नश्वर शरीर को त्यागकर पंचतत्त्वों में स्वाभाविक रूप से विलीन हो जाता है। प्रत्येक जीव-जंतु की यही प्राकृतिक जीवन-प्रक्रिया है, किंतु क्या यही पर्याप्त है? शायद नहीं! अन्य जीव-जंतुओं को प्राकृतिक रूप से कुछ-न-कुछ ऐसा कार्य मिला हुआ है कि उनका जीवन अपना कार्य करते-करते अपने समय पर पूर्ण हो जाता है और वह अपनी सार्थकता सिद्ध कर जाता है, जैसे गाय को देखें तो वह मनुष्यों को अपना दूध पिलाकर अपने जीवन का औचित्य सिद्ध कर देती है, उसी प्रकार बैल खेतों में हल में जुतकर अपनी उपयोगिता सिद्ध करता है। तात्पर्य यह है कि प्रत्येक जीव-जंतु को प्रकृति ने कोई-न-कोई कार्य ऐसा दे दिया है, जिससे उसके जीवन की सार्थकता सिद्ध होती है।

जहाँ तक मनुष्य का प्रश्न है तो यह प्राणियों में सर्वश्रेष्ठ और सर्वोपयोगी माना जाता है। इसकी सार्थकता किसी एक कार्य को कर देने मात्र से सिद्ध नहीं होती, अपितु जैसे प्रत्येक जीव-जंतु मनुष्यों हेतु अपने किसी-न-किसी प्रकृति द्वारा दिए गए विशिष्ट कार्य द्वारा अपनी उपयोगिता सिद्ध करता है तो उन तमाम जीव-जंतुओं के कार्यों द्वारा हुए लाभ से उऋण होने हेतु मनुष्य का यह दायित्व होता है कि वह इन तमाम जीव-जंतुओं के जीवन-रक्षार्थ हेतु कार्य करे, ताकि वे सारे जीव-जंतु

अपने प्राकृतिक दायित्व का निर्वाह पूरी कुशलता से कर सकें।

कोई एक मनुष्य, वे सभी कार्य नहीं कर सकता, अत: अपनी-अपनी रुचि, योग्यता एवं सामर्थ्य के अनुसार अपने-अपने दायित्व का निर्वाह करता है, किंतु कतिपय ऐसे मनुष्य भी इस धराधाम पर जन्म लेते हैं और वे पूरी मनुष्य जाति से अपने कुशल नेतृत्व में सभी वांछित दायित्वों का निर्वाह करवा लेते हैं, जिसमें इस धरती पर अवतरित सभी जीव-जंतु, जिसमें पूरी प्रकृति भी शामिल है, का कार्य-व्यवहार कुशलतापूर्वक चल सके, वस्तुत: इससे भी मनुष्य ही लाभान्वित होता है।

मनुष्यों को कुशल नेतृत्व प्रदान करनेवाले महात्मा बुद्ध विशेष रूप से उल्लेखनीय हैं, जिन्होंने अपनी सुदीर्घ साधना से प्राप्त ज्ञान के माध्यम से मनुष्यों को अपने उपदेशों के माध्यम से लाभान्वित किया।

महात्मा बुद्ध ने ज्ञान अर्जित करने के पश्चात् बताया कि मनुष्य स्वभाव से स्वार्थी होता है और वह जब सोचता है—निजी सुख-दु:ख के विषय में ही सोचता है और ऐसी स्थिति में वह यह भूल जाता है कि वह पुन: इस क्षणिक सुख हेतु अपनी हानि ही कर रहा है। उसकी इस सोच ने जीवन और प्रकृति के प्रति अपने दृष्टिकोण में एक बुनियादी परिवर्तन कर दिया है। प्रकृति के साथ व्यवहार करने का वस्तुत: जो हमारा रिश्ता था, वह बिल्कुल बदल गया और परिणाम क्या हुआ कि अब प्रकृति मानव समाज हेतु मात्र संसाधन बनकर रह गई है और मानव उस संसाधन का सेवक के स्थान पर स्वामी बन गया, जिससे उस वैज्ञानिक युग में भौतिक समृद्धि तो हुई, परंतु जितना अधिक औद्योगीकरण हुआ, उससे कहीं अधिक मात्रा में जल और वायु का प्रदूषण हुआ।

वस्तुत: प्रकृति द्वारा प्रदत्त ये दो वस्तुएँ मनुष्य को ऐसी मिलीं, जिनके लिए उसे कुछ भी व्यय नहीं करना था और ये दो चीजें ऐसी हैं, जो मनुष्य-जीवन के लिए अनिवार्य ही नहीं, अपरिहार्य थीं। मनुष्य को जीने हेतु ऑक्सीजन चाहिए तो यह हमें सर्वाधिक वायु से मिलती है,

जो दिन में तमाम पेड़-पौधे मनुष्य-जीवन हेतु विसर्जित करते हैं, इनमें भी पीपल का वृक्ष तो दिन-रात दोनों समय में ऑक्सीजन ही विसर्जित करता है, जो मनुष्य के जीवन हेतु अपरिहार्य है। दूसरी वस्तु जल है। सभी जानते हैं कि यह ऑक्सीजन एवं हाइड्रोजन के मेल से बनता है और रसायन शास्त्र में H_2O संकेत से उल्लेख किया जाता है। यह बहुत जरूरी है कि वायु एवं जल मनुष्य को शुद्ध प्राप्त हों, तो ऐसे कार्य हेतु मनुष्य को क्या करना चाहिए? गौतम बुद्ध ने जीवन-शैलियों की चर्चा करते हुए पर्यावरण पर विशेष रूप से प्रकाश डाला है।

ढाई हजार वर्ष पूर्व महात्मा बुद्ध ने भौगोलिक प्राकृतिक और सामाजिक पर्यावरण को शुद्ध रखने पर बल दिया और इसके साथ ही भवन-निर्माण में पर्यावरण और परिस्थिति की शुद्धता पर भी बल दिया। यह अद्भुत है।

मुझे प्रसन्नता है कि आज जब नित्य-प्रति पर्यावरण मनुष्य की स्वार्थपरकता के कारण क्रमश: प्रदूषित होता ही जा रहा है, ऐसे में गौतम बुद्ध के उपदेशों की प्रासंगिकता अपेक्षाकृत और बढ़ जाती है। ऐसी स्थिति को देखते हुए डॉ. ध्रुव कुमार ने 'बौद्ध धर्म और पर्यावरण' नामक पुस्तक की रचना कर एक अति महत्त्वपूर्ण एवं समसामयिक कार्य किया है। डॉ. ध्रुव ने बौद्ध धर्म एवं पर्यावरण को कई दृष्टिकोणों से देखते हुए इस पुस्तक को पूर्णता प्रदान की है। इस पुस्तक में उन्होंने 'बौद्ध धर्म दर्शन एक विज्ञान', 'कृषि एवं पर्यावरण के बारे में बुद्ध के विचार', 'बौद्ध धर्म और पर्यावरण', 'बौद्ध पारिस्थितिकी', 'अभिधर्म कोश : एक अध्ययन', 'बौद्ध साहित्य में पर्यावरण', 'बौद्ध धर्म एवं पारिस्थितिकी संतुलन', 'जैविक रक्षा और बौद्ध भैषज्य', 'भगवान् बुद्ध की अहिंसा नीति और पर्यावरण की संरक्षा', 'बौद्ध चिंतन में जीव-जगत्' और 'उपसंहार' शीर्षक से अभिव्यक्त अपने लेखों में यह स्पष्ट करने का सफल प्रयास किया है कि यदि वर्तमान में भी हमारा मानव-समाज

स्वच्छ पर्यावरण की उपयोगिता को समझते हुए बौद्ध धर्म में अभिव्यक्त पर्यावरण संबंधी उपदेशों में व्यक्त सुझावों को मानते हुए उसे कार्यरूप दे तो यह समस्या क्रमशः दूर की जा सकती है।

वर्तमान में जिस प्रकार यह समस्या क्रमशः बढ़ती ही जा रही है, ऐसे में बौद्ध धर्म में अभिव्यक्त पर्यावरण संबंधी सुझावों पर ध्यान देना अनिवार्य हो जाता है, तभी मनुष्य एवं प्रकृति स्वस्थ रह पाएगी। मनुष्य को चाहिए प्रकृति में पेड़, पौधों एवं तमाम जीव-जंतुओं के साथ-साथ नदी-नहरों में बहते जल को स्वच्छ रखे और उनकी रक्षा करे, तभी मनुष्य स्वयं भी स्वस्थ रह सकेगा।

समय और काल को देखते हुए यह पुस्तक मेरी दृष्टि में अपना विशेष महत्त्व रखती है, विशेषकर प्राचीन भारतीय संस्कृति एवं जीवन-शैली पर शोध करनेवालों के लिए यह पुस्तक बहुत उपयोगी होगी, साथ ही पर्यावरण और आधुनिक जीवन-शैली पर शोध करनेवालों के लिए यह पुस्तक अत्यंत मददगार होगी। सामान्यजनों और विद्यार्थियों के लिए यह पुस्तक रुचिकर तो है ही।

—डॉ. ओ.पी. जायसवाल
सेवानिवृत्त प्रोफेसर
प्राचीन भारतीय इतिहास एवं पुरातत्त्व विभाग
पटना विश्वविद्यालय

प्रस्तावना

वर्तमान समय में ग्लोबल वार्मिंग (वैश्विक तापन) और जलवायु परिवर्तन देश ही नहीं, बल्कि पूरी दुनिया की सबसे बड़ी समस्या है। कूड़े-कचरे के ढेर, नदियों के प्रदूषण, प्राकृतिक आपदाएँ, ऋतु चक्र में विचलन और बदलाव आदि से पूरी मानव जाति परेशान और हैरान है। यह सब प्रकृति के दोहन और तिरस्कार का परिणाम है। बढ़ती जनसंख्या, शहरीकरण और भौतिकता के मकड़जाल में फँसकर हम भूल गए कि धरती हमारी माता है और हम सब उनकी संतान हैं। प्रकृति ने हमें हमारे पर्यावरण के रूप में एक ऐसा अनुपम और अनमोल उपहार दिया है, जो हमारी साँसों-धड़कनों को बनाए हुए है। हमें जीने के लिए जो भी आवश्यक वस्तुएँ चाहिए, वे हमें प्रकृति के हरित आँचल और स्वच्छ पर्यावरण में उपलब्ध होती हैं। यह सब जानते-समझते हुए भी हम प्रकृति से छेड़छाड़, उसके अंधाधुंध दोहन में कोई कसर नहीं छोड़ते।

हमारे वेदों-पुराणों में पंच-महाभूतों, यानी क्षिति, जल, पावक, गगन और समीर को देवतुल्य माना गया है और उनकी वंदना भी की जाती रही है। उनकी शुचिता के लिए कई अनुष्ठान भी निर्धारित हुए।

प्रस्तुत पुस्तक 'बौद्ध धर्म और पर्यावरण' प्राचीन भारत के छठी शताब्दी ईसा पूर्व से लेकर गुप्तकालीन समाज के प्रकृति व पर्यावरण के गहरे रिश्ते को रेखांकित करती है। 'प्राचीन भारतीय इतिहास एवं

पुरातत्त्व' का विद्यार्थी होने के कारण इतिहास के पन्नों में कुछ नवीन ढूँढ़ने की आदत-सी हो गई है। गौतम बुद्ध एक ऐसे युगांतकारी पुरुष के रूप में सामने आते हैं, जिन्होंने भारत ही नहीं, पूरी दुनिया के लोगों के रहन-सहन, सोच, पूजा-पद्धति, वर्तमान और भविष्य सबको प्रभावित किया। उनके प्रभा मंडल से अमीर-गरीब, राजा-प्रजा, स्त्री-पुरुष, शहरी (नागरीय), ग्रामीण; यहाँ तक कि पशु-पक्षी; कोई भी अछूता नहीं रहा।

गौतम बुद्ध का संपूर्ण जीवन प्रकृति की गोद में ही बीता। वे कपिलवस्तु के योद्धा शाक्य वंश के थे। शाक्य वंशी भूमि के स्वामी और किसान थे, कुछ लोग व्यापार भी करते थे और काफी समृद्ध थे। इन शाक्यों का क्षेत्र हिमालय पर्वत की तलहटी था, जो आधुनिक दौर में भारत और नेपाल की सीमा है। गौतम बुद्ध के पिता शुद्धोदन शाक्य वंश के एक मुखिया थे। उस समय सोलह महाजनपदों में से एक जनपद कोशल था, जिसके राजा प्रसेनजित थे, जो इन मुखियाओं के ऊपर रहे होंगे। 'मज्झिम निकाय' (1, 242-47) के अनुसार जिस समय गौतम बुद्ध संन्यासी के रूप में घोर तपस्या कर रहे थे, वे बहुत उत्कंठित होकर याद करते हैं कि कैसे 'मेरे पिता हल चला रहे थे, मैं जामुन के पेड़ की ठंडी छाँव में बैठा था।'

मान्यता है कि जिस व्यक्ति का जन्म जिस वातावरण में होता है, वह जीवन भर उसी वातावरण को पसंद करता है। गौतम बुद्ध का जन्म राजमहल में होने के बजाय लुंबिनी वन में एक शाल वृक्ष के नीचे हुआ। उन्हें ज्ञान की प्राप्ति भी निरंजना नदी के तट पर एक पीपल के वृक्ष के नीचे हुई। उन्होंने अपना प्रथम उपदेश सारनाथ के अंजन वन मृगदाय में दिया। यह वन अंजन वन इसलिए कहलाता था कि यहाँ के वृक्ष इतने सघन थे कि सूर्य की रोशनी पृथ्वी पर नहीं पहुँच पाती थी। इसी तरह महापरिनिर्वाण उन्होंने कुशीनगर के दक्षिण-पश्चिम में उपवत्तन शालवन में प्राप्त किया।

गौतम बुद्ध के जीवन के विभिन्न घटनाक्रमों के अध्ययन से ज्ञात होता है कि उन्होंने पूरी दुनिया को यह समझाने की कोशिश की कि जीवन और पर्यावरण एक-दूसरे के पूरक हैं। जीवधारियों का अस्तित्व पर्यावरण पर आधारित है। प्रत्येक जीव अनुवांशिकी और पर्यावरण का संयुक्त प्रतिफल है। पर्यावरण के प्राकृतिक साधन जितने भी स्वस्थ और निर्मल होंगे, हमारा शरीर और मन उतना ही स्वस्थ एवं निर्मल होगा।

यह विषय 1980 के दशक से ही मेरे मस्तिष्क में उमड़-घुमड़ रहा था। पी-एच.डी. के उपरांत मैं इस विषय पर डी.लिट्. करना चाहता था, लेकिन पिछले लगभग दो दशक से बिहार के विश्वविद्यालयों में डी.लिट्. संबंधी नियमावली संशोधन की प्रक्रिया लंबित रहने के कारण यह संभव न हो सका। मेरा शोध जारी रहा। इस कार्य को विद्वान् इतिहासज्ञ-पुराविद् डॉ. राजेंद्र राम, डॉ. ओ.पी. जायसवाल, डॉ. सीताराम राय, डॉ. मदन मोहन सिंह, डॉ. एन.सी.पी. श्रीवास्तव, साहित्यकार डॉ. सतीशराज पुष्करणा के आशीष, स्नेह और महत्त्वपूर्ण सुझाव ने आसान बना दिया।

इतिहास ने हमेशा हमारा मार्ग प्रशस्त किया है। प्रस्तुत पुस्तक ग्लोबल वार्मिंग और जलवायु परिवर्तन से हमारी प्रकृति और पर्यावरण की संरक्षा में हमारा ध्यान आकृष्ट करेगी, इसकी मंगलकामना के साथ बुद्ध पूर्णिमा के पावन अवसर पर यह पुस्तक समर्पित है, उन सभी को, जो जाने-अनजाने पर्यावरण की संरक्षा के लिए कार्यरत हैं। हमारी कोशिश होनी चाहिए कि यह धरती हरी-भरी रहे। नदियाँ, पर्वत, वन, वृक्ष सभी सुरक्षित रहें, ताकि मानव व जीव-जंतुओं की नई पीढ़ी अनंतकाल तक सुरक्षित रहे।

—डॉ. ध्रुव कुमार
परमेश्वरी दयाल लेन, महेंद्रू
पटना-800 006 (बिहार)
मो. नं. : 09304455515
इ-मेल : dhrub20@gmail.com

बुद्ध पूर्णिमा
18 मई, 2019

अनुक्रम

	भूमिका	5
	प्रस्तावना	9
1.	बौद्ध धर्म और पर्यावरण	15
2.	बौद्ध धर्म एवं पारिस्थितिकी संतुलन	24
3.	कृषि एवं पर्यावरण के बारे में गौतम बुद्ध के विचार	39
4.	गौतम बुद्ध की अहिंसा नीति और पर्यावरण की संरक्षा	54
5.	बौद्ध चिंतन में जीव जगत्	74
6.	बौद्ध साहित्य में पर्यावरण	85
7.	जैविक रक्षा और बौद्ध भैषज्य	107
8.	अभिधर्म कोश : एक अध्ययन	114
9.	बौद्ध धर्म-दर्शन : एक विज्ञान	121
	उपसंहार	128
	संदर्भ-ग्रंथ	135

बौद्ध धर्म और पर्यावरण

विज्ञान और प्रौद्योगिकी की कोख से जिस नई भोगवादी सभ्यता का जन्म हुआ है, उसने जीवन और प्रकृति के प्रति मानव दृष्टिकोण में एक बुनियादी परिवर्तन कर दिया है। प्रकृति के साथ व्यवहार करने का हमारा जो रिश्ता था, वह बिल्कुल बदल गया है। अब प्रकृति मानव समाज के लिए मात्र संसाधन बनकर रह गई है और मानव उस संसाधन का स्वामी बन गया है। निस्संदेह आज के वैज्ञानिक युग में भौतिक समृद्धि हुई है, परंतु जितना अधिक औद्योगीकारण हुआ है, उससे कहीं अधिक मात्रा में जल और वायु का प्रदूषण हुआ है।

हवा और पानी प्राणिमात्र के लिए प्रकृति की दो अमूल्य देन हैं। इन्हीं पर सारा जीवन टिका है, लेकिन कई प्रकार के रसायनों के उपयोग से ईंधनों के जलने से हवा में कार्बन डाइऑक्साइड, नाइट्रोजन ऑक्साइड, सल्फर ऑक्साइड, कार्बन मोनोऑक्साइड जैसी गैसें मिल गई हैं। लोग आमतौर पर इस गलतफहमी में रहते हैं कि जो जहरीली गैसें आ रही हैं, इनका प्रभाव कम करने के तकनीकी उपाय हैं, लेकिन इनका प्रभाव कम करने के लिए जो तकनीकी उपाय हैं, वे बहुत खर्चीले हैं और शत-प्रतिशत सफल नहीं हुए हैं। विषाक्त हवाओं का प्रभाव प्राणियों के अलावा वनस्पतियों पर भी पड़ने लगा है। विषाक्त हवाओं से मुक्ति का कोई रास्ता नहीं दिख रहा। वायु-प्रदूषित इलाकों में हानिकारक

गैसें, तेजाबी गैसें पत्तियों को नष्ट करती हैं। जमीन के तेजाबीकरण के कारण वन और खेती पर इसका असर दिखने लगा है। विश्व के कई देशों में तेजाबी वर्षा से वनों के नष्ट होने और झीलों के विषाक्त होने की घटनाएँ बढ़ रही हैं। जर्मनी में तेजाबी वर्षा से एक तिहाई वनों के नष्ट होने और स्वीडन की 85 हजार झीलों में से 21 प्रतिशत के विषाक्त होने की घटनाएँ चौंकानेवाली हैं।

अब रोटी, कपड़ा और मकान के साथ-साथ शुद्ध वायु लोगों की बुनियादी आवश्यकता हो गई है। रोटी भले मिल जाए, लेकिन शुद्ध प्राण-वायु मिलना मुश्किल हो गया है। पूरी दुनिया में ऑक्सीजन का अकाल पड़ता जा रहा है। भोगवादी सभ्यता ने मानव जाति को तीन तोहफे दिए हैं—युद्ध, भुखमरी और प्रदूषण। प्रदूषण की समस्या गरीब और अमीर दोनों देशों में समान रूप से है। इसका जन्म विपुलतावाले विकास की कोख से हुआ है और इसकी शुरुआत मानव की भोगलिप्सा, वासना को भड़काकर होती है। दुनिया के तमाम विकासशील, अल्पविकसित, अविकसित और विकसित माने जानेवाले देशों की मुख्य समस्या मिट्टी का क्षरण और जल संकट ही हैं।

मानव या कोई भी जैविक प्राणी चाहे वह जल, वायु अथवा धरती पर रहता हो, उसके रहन-सहन के बारे में अध्ययन करने पर पता चलता है कि उनके रहने के लिए जल, वायु, भोजन और आवास की आवश्यकता पड़ती है और फिर आवश्यकतानुसार उनका वातावरण बनता जाता है। यही वातावरण बाद में उनके जीवन का अभिन्न अंग बन जाता है। मनुष्य के चारों तरफ का वातावरण, जिससे वह प्रभावित होता है, उसे हम पर्यावरण कहते हैं।

जीवन और पर्यावरण एक-दूसरे के पूरक हैं। जीवधारियों का अस्तित्व पर्यावरण पर आधारित है। प्रत्येक जीवन अनुवांशिकी और पर्यावरण का संयुक्त प्रतिफल है। पर्यावरण के प्राकृतिक साधन जितने

ही स्वस्थ और निर्मल होंगे, हमारा शरीर और मन भी उतना ही स्वस्थ एवं स्वच्छ होगा।

आज जिस पर्यावरण की रक्षा के लिए सारा विश्व प्रचार कर रहा है, उसका संकेत आज से लगभग ढाई हजार वर्ष पूर्व महाकारुणिक भगवान् तथागत के जन्म के समय से मिलता है। भगवान् बुद्ध एक क्षत्रिय राजकुमार थे। उनका जन्म तो राजमहल के सभी सुख-साधनों से भरपूर प्रसूतिगृह में होना चाहिए था, परंतु ऐसा न होकर उनका स्वाभाविक जन्म लुंबिनी वन नामक स्थान के वनों से घिरे एक शालवृक्ष के नीचे हुआ। मान्यता है कि जिस व्यक्ति का जन्म जिस वातावरण में होता है, वह जीवन भर उसी वातावरण को पसंद करता है। शायद यही कारण है कि भगवान् बुद्ध जन्म से लेकर महापरिनिर्वाण तक संपूर्ण जीवनकाल प्रकृति की गोद में ही रहे। उनका मन राजमहल की चहारदीवारी के बीच एकदम नहीं लगता था, बल्कि वे राजमहल की तुलना में बगीचे में खेलना अधिक पसंद करते थे। बचपन में एक दिन इन्हें एक जामुन के वृक्ष के नीचे ध्यान लगाकर बैठे देखकर संपूर्ण राजपरिवार आश्चर्यचकित रह गया।

उनके ज्ञानप्राप्ति स्थल बोधगया में भी उन दिनों प्रकृति की अनुपम छटा विद्यमान रहती थी। निरंजना नदी को चारों ओर से वनों की छटा शोभित किए हुए थी। महाभिनिष्क्रमण के पश्चात् भगवान् बुद्ध ने अपनी तपस्या के छह वर्ष तक निरंजना नदी के तट पर जंगलों से घिरी प्रकृति की गोद में ही बिताए थे। छह वर्षों तक उनके प्राण सुरक्षित रखने का एकमात्र साधन शुद्ध वातावरण ही तो था। गिरि-कंदराओं में वृक्षों की शीतल छाया में बहती नदी-झरनों के किनारे प्रकृति की गोद में चारों ओर विस्तीर्ण पर्यावरण में उन्होंने अनुत्तर संबोधि ज्ञान की खोज की। अंत में उन्हें दु:ख मुक्ति का मार्ग वैशाख पूर्णिमा की पावन रात्रि में एक पीपल के वृक्ष (बोधिवृक्ष) के नीचे प्राप्त हुआ। भगवान् बुद्ध उस वृक्ष के प्रति कृतज्ञ थे। एक सप्ताह तक लगातार वे उस वृक्ष को अनिमिष (बिना

पलकें झपकाए हुए) ध्यान में ध्यानस्थ होकर देखते रहे।

भगवान् बुद्ध को बोधिवृक्ष के नीचे जिस बुद्धत्व (ज्ञान) का साक्षात्कार हुआ था, उसका उपदेश भगवान् बुद्ध ने सर्वप्रथम सारनाथ इसिपतन मृगदाय में एक आम के पेड़ के नीचे बैठकर पंचवर्गीय भिक्षुओं को दिया। यह स्थान सारनाथ का एक रमणीक स्थान मृगदाय था। अंजन अर्थात् 'काजल' के समान काले (सघन) वृक्षों और पुष्पों से सुशोभित होने के कारण यह वन अंजनवन कहलाता था। यहाँ इसिपतन मृगदाय के मध्य मृग स्वच्छंदता से विचरते थे। इसलिए यह मिगदाय अर्थात् मृगदाय कहलाता था। सारनाथ के समीप दूसरा वन कंटकी वन था। अट्टकथाओं में इसे गहनकरमंड वन कहकर भी पुकारा गया है। इस वन में बुद्ध ने सारिपुत्र, महामोग्गएलान और अनिरुद्ध के साथ निवास किया था।

भगवान् बुद्ध तथा उनके पंचवर्गीय भिक्षु अपने विशाल भिक्षुसंघ के साथ तीन महीने को छोड़ वर्ष के शेष महीने वनों, जंगलों और कंदराओं में विहार करते रहे। भगवान् बुद्ध ने अपने वर्षावास जिन-जिन स्थानों पर व्यतीत किए थे, वे हैं—प्रथम, वर्षावास-वाराणसी (बनारस) में, दूसरा, तीसरा और चौथा राजगृह में, पाँचवाँ वैशाली में, छठा पंकुल गिरि में, सातवाँ त्रयस्त्रिंश लोक में, आठवाँ मंसुमार गिरि के निकट पार्ग प्रदेश में, नौवाँ कौशांबी में, दसवाँ परिषेयक में, ग्यारहवाँ नालाग्राम में, बारहवाँ वैएजा में, तेरहवाँ यासिया गिरि में, चौदहवाँ श्रावस्ती में, पद्रहवाँ कपिलवस्तु में, सोलहवाँ आलवी में, सत्रहवाँ राजगृह में, अठारहवाँ एवं उन्नीसवाँ चालियागिरि में, बीसवाँ राजगृह में, इक्कीसवें से चौवालीसवें तक श्रावस्ती में और अंतिम अर्थात् पैंतालीसवाँ वर्षावास वैशाली में संपन्न हुआ था। से सभी स्थान पुष्पाच्छादित वृक्षों तथा घने वनों से घिरे हुए थे। मंद-मंद शीतल व शुद्ध वायु एवं स्वच्छ जलधारा इसके समीप सदा प्रवाहित होती रहती थी।

भगवान् बुद्ध ने ८० वर्ष की अवस्था तक धम्म प्रचारार्थ विहार करते हुए व्यतीत किए। महापरिनिब्वान सुत्त के अनुसार परिनिर्वाण के समय भगवान् बुद्ध वैशाली के समीप वेलुव ग्राम में विहार कर रहे थे। यहाँ वे अत्यधिक बीमार हो गए। ऐसी अवस्था में उन्होंने कुशीनगर को प्रस्थान किया। वैशाली, श्रावस्ती और राजगृह जैसे नगरों को छोड़कर कुशीनगर के मल्लों के शालवन में परिनिर्वाण प्राप्त करने की बात उनके प्रिय शिष्य आनंद को अच्छी नहीं लगी। भगवान् ने सुलझे हुए ढंग से आनंद की शंका का समाधान किया, किंतु वास्तविकता यह थी कि भगवान् प्रकृति की गोद में, शुद्ध वातावरण के बीच चिर निद्रा को प्राप्त होना चाहते थे। कुशीनगर की दक्षिण-पश्चिम दिशा में उसके समीप ही मल्लों का 'उपवत्तन' नामक शाल वन था, जो हरिण्यवती नदी के दूसरे किनारे पर स्थित था। इसी उपवत्तन शालवन में भगवान् ने अंतिम निवास किया और यहीं युगल शाल वृक्षों के नीचे महापरिनिर्वाण प्राप्त किया।

जन्म से परिनिर्वाण काल तक उनकी गतिविधियों को देखते हुए भगवान् बुद्ध को पर्यावरण की रक्षा का प्रथम पथ-प्रदर्शन तथा उपदेशक कहा जाए तो कोई अतिशयोक्ति नहीं होगी। भगवान् बुद्ध का जन्म, बोधि प्राप्ति, प्रथम उपदेश देने तथा महापरिनिर्वाण की घटनाएँ अक्षरश: यह सिद्ध करती हैं कि वे पर्यावरण संरक्षण के महान् समर्थक, उद्धारक एवं प्रणेता थे। उनके समान प्रकृति-प्रेमी, पर्यावरण रक्षक शायद ही कोई दूसरा हुआ हो। भगवान् बुद्ध किसी भी परिस्थिति में जंगलों को उजाड़ने की बात नहीं करते थे, बल्कि समय-समय पर वे राजाओं और आमजनों को नए वृक्ष लगाने के लिए प्रेरित करते थे। उनकी ही प्रेरणा से अनेक अंबवन अस्तित्व में आए।

भगवान् बुद्ध की जीवन-लीला यह सिद्ध करती है कि पर्यावरण की रक्षा के बिना मानव कल्याण की बातें सोचना भी निरर्थक है। उनके द्वारा बताए गए पर्यावरण रक्षा संदेश विश्व के लिए ऐसी अमूल्य धरोहर

हैं, जिनके सहारे विश्व का कल्याण सुनिश्चित है। स्वच्छ वातावरण एवं शुद्ध पर्यावरण के बीच ही स्वच्छ तन, मन, ज्ञान और निर्वाण की प्राप्ति सुनिश्चित है। यही भगवान् बुद्ध का संदेश है।

'थेरगाथा' नामक एक प्रसिद्ध बौद्धग्रंथ में बौद्ध भिक्षु को अरण्य, नदी, गुहा आदि प्राकृतिक धरोहरों में ध्यानस्थ दिखाया है। 'थेरगाथा' में 234 भिक्षुओं के उद्गार 1271 गाथाएँ संकलित हैं। इस ग्रंथ में सुरम्य प्राकृतिक वर्णनों की अधिकता देखने को मिलती है। भिक्षुओं के आंतरिक जीवन का एक जीवंत वर्णन हमें स्थविर तालपुर के उद्गार में मिलता है। स्थविर तालपुर अपने मन को संबोधित करते हुए कहते हैं, "हे चित्त! जैसे फल की इच्छा करनेवाला मानव वृक्ष को लगाकर फिर उसकी जड़ को ही तोड़ने की इच्छा करे, उसी प्रकार मुझको चल और अनित्य इस संसार में लगाकर तू वैसा ही आचरण करता है।"

'थेरगाथा' में वर्णित एक घटना के अनुसार एक बार सुभूति नामक भिक्षु राजगृह जाकर खुले स्थान में रहने लगे। वर्षा का समय था, लेकिन वर्षा नहीं होती थी। सब ओर अकाल की-सी स्थिति हो गई। बिंबिसार राजा को पता चला तो उन्होंने सुभूति स्थविर के लिए पर्णकुटी (पत्तों की ढकी हुई कुटिया) बनवा दी। उसमें इनके प्रवेश करते ही वर्षा प्रारंभ होने लगी। कुटी में बैठकर लोगों के हित के लिए वर्षा का आह्वान करते हुए स्थविर सुभूति ने कहा, "मेरी कुटी छाई है, सुखदायी और वायु से सुरक्षित है, बरसो हे देव! यथा सुख बरसो। मेरा चित्त अच्छी तरह समाधिस्थ है, विमुक्त है, निर्वाण के लिए उद्योग चल रहा है। बरसो हे देव! यथा सुख बरसो।" अतः ध्यान का सुख ही भिक्षु के लिए सबसे बड़ा सुख है और प्राकृतिक सौंदर्य उसके लिए इसी ध्यान का उद्दीपन बनता है।

कौशल बिहारी नामक स्थविर ने स्वेच्छा से प्रव्रज्या ग्रहण कर अरण्य में अपने लिए कुटिया बनाई है। 'सट्टायाद पब्बजितो अरज्जे में कुटिका कता' (गाथा-56)। भिक्षु गोसाल एकांतवास ही ज्ञान के विकास

हेतु पहाड़ी मैदान में जाना चाहते हैं। 'सानु पटिमिस्सामि विवेकमुन्शयन' (गाथा-23)। स्थविर अनिरुद्ध अपने परिनिर्वाण का समय जानकर कहते हैं, "जीवन के क्षय होने पर मैं वज्जियों के वेलुव गाँव में बाँसों के अखु के नीचे आश्रयरहित होकर परिनिर्वाण प्राप्त करूँगा।"

छत के नीचे बैठे हुए मित्र-परिजनों आदि से घिरे हुए सांसारिक मनुष्य के समान वर्षा का सौंदर्य केवल दूर से अवलोकन करने की वस्तु, भिक्षु के लिए नहीं थी। अकेला ध्यानस्थ भिक्षु भयंकर गुफा में बैठा है। बादल बरस रहा है और आकाश गड़गड़ा रहा है। भयंकर मूसलाधार वर्षा और आकाश में निरंतर बिजली की गड़गड़ाहट पर भिक्षु को भय कहाँ? निर्भयता उसका स्वभाव है। अत: उसे न भय है, न वह स्तब्ध है। स्थविर सम्बुल कम्यान उस समय यह उद्गार व्यक्त करते हैं—

देवो न व्स्सति दवो च गलगसायति
एकमो चाह भेखे विले विहरामि।
नस्स मच्छं एकवस्स भेखे विले विहरतो
नत्थि भयं वा छम्यितत व लोमहंसो ता
धम्म ममेसा यस्म में एक एक कस्स
भेखे विले पिहरतो नत्थि भयं वा
धम्मिततं व लोमहसो वा।

भिक्षुओं की वृत्ति वर्षाकालीन प्राकृतिक सौंदर्य और विशेषत: ध्यान के लिए उसकी उपयुक्तता पर बहुत रमी है। सुंदर गरदनवाले मोरों का बोलना और दूसरों को बुलाना भिक्षुओं के लिए ध्यान का निमंत्रण है। शीतल वायु में कलित विहार करते हुए मोर भिक्षु चिंतक को ध्यान के लिए उद्बोधन करते हैं—

नीला सुग्रीवा मोरा कारविय अमिनरन्ति
ते सीतावातकलिता सुत्तं झायं निवेधेन्ति

इसी प्रकार सप्पक स्थविर का भी वर्षाकालीन सौंदर्य से प्रेरणा

ग्रहण कर अनकर्णी नदी के समीप ध्यान करने का संकल्प कितना उदात्त है, "जब स्वच्छ पांडुर पंखवाले बगुले काले मेघ से भयभीत होकर अपनी खोही की खोज करते हुए उड़ते हैं, उस समय तक अनगर्णी नदी मुझे कितनी प्रिय लगती है। इसी नदी के दोनों किनारों पर बड़ी गुफा के पीछे जामुन के पेड़ सुशोभित हैं, यहाँ मेरा मन कैसे न रमेगा? साँपों के भय से विमुक्त मेढक टर्र–नाद कर रहे हैं। आज गिरि ओर नदी से अलग होने का समय नहीं है। प्राकृतिक सौंदर्य के बीच एकांत ध्यान करते हुए, जो आनंद प्राप्त होता है, उससे अधिक आनंद कुछ नहीं है।"

महाकश्यप भिक्षु को भी वन एवं पर्वत से काफी लगाव है। वे उद्गार व्यक्त करते हुए कहते हैं, "पेड़ों की पत्तियों से विस्तीर्ण रूप से भरे, मनोरम भूमि–भाग वाले कुजरों से युक्त एवं रमणीय वे पर्वत मुझे प्रिय हैं। ऋषियों से सेवित, मोरों के शब्दों से सदा निनादित वे पर्वत मुझे प्रिय हैं। स्वच्छ जल, विस्तृत शिलाएँ, जो लंगूरों और मृगों से भरे हैं, जहाँ शैवाल से आच्छादित जलाशय है, वे पर्वत मुझे प्रिय हैं। इन तथ्यों और उद्धरणों से ज्ञात होता है कि बौद्ध साहित्य में पर्यावरण के सभी संसाधन उपलब्ध हैं। ऐसे आख्यानों से संपूर्ण बौद्ध साहित्य परिपूर्ण है। आवश्यकता है, इनके सम्यक् अनुशीलन की। वन, पर्वत, नदी, गुहा, पशु–पक्षी आदि प्रकृति के विभिन्न उपादान भिक्षुओं की ध्यान साधना के लिए अनिवार्य अंग बन गए थे।"

आज विश्व में पर्यावरण प्रदूषण द्रुतगति से बढ़ता चला जा रहा है। प्रदूषण से असाध्य एवं भयंकर रोगों का प्रसार हो रहा है। पर्यावरण की सुरक्षा के लिए वृक्षारोपण, वनों के विनाश पर रोक, अवशिष्ट पदार्थों का सुव्यवस्थित निष्पादन आदि ऐसे मुद्दे हैं, जिन पर गंभीरतापूर्वक विचार किया जाना चाहिए। प्राणी के अस्तित्व की रक्षा और प्रगति के लिए क्रियाशील प्राकृतिक प्रक्रियाओं एवं प्राकृतिक वातावरण के विभिन्न तत्त्वों के बीच समुचित संबंध आवश्यक है। इस धरा पर मानव का अस्तित्व

बना रहे, इसके लिए उसका प्रकृति के साथ समन्वय होना चाहिए।

सत्य, अहिंसा, करुणा, त्याग, दया और विश्व कल्याण के पर्याय भगवान् बुद्ध ने प्राणी जगत् के कल्याण के लिए प्रकृति और पर्यावरण के संतुलन का मार्ग प्रशस्त किया। आज पूरी दुनिया उनका अनुसरण करने को तैयार है और ऐसा करना धरा और प्राणी दोनों के लिए परम आवश्यक है।

□

बौद्ध धर्म एवं पारिस्थितिकी संतुलन

पर्यावरण का अभिप्राय उस हवा से है, जिसमें हम साँस लेते हैं, उस पानी से है, जिसे हम पीते हैं। इसका अभिप्राय नदियों और जंगलों से है तथा उन असंख्य जीवों से है, जो इस विश्व की भूमि, वायु और पानी में वास करते हैं। इसका अभिप्राय संस्कृति परंपराओं एवं प्रथाओं तथा मानव जाति की उस विविधता से है, जो जनजातियों से लेकर अज्ञातप्राय समुदायों में उनकी अपनी विलक्षण जीवन-शैलियों के रूप में विद्यमान है।

समय के साथ मानव समाज में सौहार्द की बजाय विद्वेष भाव बढ़ता गया, जिससे किसी एक समाज देश के ही लोग नहीं, अपितु संसार के अधिकांश देशों के लोग पीड़ित होने लगे। अस्तु 1972 में स्टाकहोम में 'विश्व पर्यावरण सम्मेलन' आयोजित किया गया, जिसमें बढ़ रहे पर्यावरण प्रदूषण के प्रति गहरी चिंता व्यक्त की गई और प्रदूषण को रोकने तथा पर्यावरण के संरक्षण के लिए उपाय सोचे गए। भारत ने तब भी पर्यावरण सुधार की ओर कोई ध्यान नहीं दिया। जब प्रदूषण चोटी तक बढ़ गया, तब भारत की निद्रा टूटी और 23 मई, 1986 को भारत में भी 'पर्यावरणीय संरक्षण और सुधार अधिनियम' पारित कर देश में लागू किया गया।

इसके पहले 1935 ई. में ब्रिटेन के ए.जी. टेंसले महोदय ने इस ओर ध्यान आकर्षित किया था कि किसी भी स्थान पर पेड़-पौधे, जीव-जंतु

तथा मनुष्य, ये सभी समुदाय एक-दूसरे को प्रभावित करते रहते हैं। इन सभी को मिलाकर एक ऐसा वातावरण तैयार होता है, जिसे 'पारिस्थितिकी तंत्र या इकोलॉजिकल सिस्टम' और संक्षेप में 'इको-सिस्टम' कहते हैं। इस सिस्टम (तंत्र) का संतुलन बनाए रखना आवश्यक है, लेकिन लोग इसके महत्त्व को समझ न सके। इसके 37 वर्षों बाद लोग इसके महत्त्व को समझ सके, जिसके फलस्वरूप विश्व पर्यावरण सम्मेलन हुआ और भारत में भी पर्यावरण सुधार पर बल दिया जाने लगा।

इस तंत्र के असंतुलन के दुष्परिणाम को एक उदाहरण के द्वारा समझा जा सकता है। एक समय चीन में किसानों ने सरकार से यह माँग की थी कि पक्षियों से फसल को बहुत क्षति पहुँचती है, अस्तु उसका निराकरण किया जाए। सरकार ने एक शासनादेश प्रसारित कर सभी पक्षियों को मरवा दिया। अगले वर्ष कीड़ों ने पौधे ही नष्ट कर दिए। एक-दो साल बाद कीड़े इतने ज्यादा बढ़ गए कि खेतों में पौधे उगने ही नहीं पाते थे, जिससे फसल की भारी क्षति होने लगी। कारण स्पष्ट था कि पक्षी उन कीड़ों का आहार करते थे। परिणामतः पुनः सरकार को पक्षी पालने का आदेश प्रसारित करना पड़ा और बाहर से पक्षी लाकर पाले गए, तब फसल पनपी।

पेड़-पौधे मानवजीवन के लिए 'ओसजन' (ऑक्सीजन) प्रदान करते हैं और मनुष्य से निकली हुई विषैली 'कार्बन डाइऑक्साइड गैस' को स्वयं ग्रहण करते हैं। पेड़-पौधों के अभाव में, बिना ऑक्सीजन के मनुष्य जीवित नहीं रह सकता।

प्रदूषित जल और हवा में नाना प्रकार के हानिकारक कीड़े-मकोड़े पैदा हो जाते हैं। किसी बड़े या छोटे मकान में या विहार में, जिसमें स्वच्छ ताजा हवा आने-जाने और पानी के निकास का प्रबंध न हो, मकान काफी समय बंद रहे तो कीड़े-मकोड़े पैदा होने के साथ-साथ, अंदर की वायु भी विषैली हो जाएगी और यदि कोई आदमी अचानक

उसके अंदर प्रवेश करें तो वह बीमार हो सकता है और उसकी मृत्यु भी हो सकती है। इसलिए पानी और हवा को प्रदूषणयुक्त होना जरूरी है।

आश्चर्य है कि इक्कीसवीं सदी में जिन प्रदूषणों और 'इको इनवायरमेंटल बैलेंस' की बात लोग कर रहे हैं और चिंता व्यक्त कर रहे हैं, साथ ही संतुलन बनाए रखने का प्रयास कर रहे हैं और उसके उपाय खोज रहे हैं, उन सभी बातों पर तथागत गौतम बुद्ध ने ढाई हजार साल पहले पथ-प्रशस्त कर दिया था, नियम बना दिए थे और उन पर स्वयं चलकर तथा भिक्षु संघ और अन्यों को भी चलाकर दिखा दिया था। उन्होंने भौगोलिक प्राकृतिक और सामाजिक पर्यावरण को शुद्ध रखने पर बल दिया ही, साथ ही भवन निर्माण में भी पर्यावरण और पारिस्थितिकी शुद्धता को रेखांकित किया था।

प्राकृतिक पर्यावरण

प्रकृति, सभी के प्रति बिना भेद-भाव के समान दृष्टि रखती है, वितरण में भी कोई भेद-भाव नहीं करती, सबको सुख पहुँचाती है। वास्तव में प्रकृति ही संसार के सभी प्राणियों को अपना परिवार मानती है। उसके लिए ही 'वसुधैव कुटुंबकम्' की कहावत चरितार्थ होती है।

बौद्ध साहित्य से पता चलता है कि तथागत बुद्ध ने पेड़-पौधों को सजीव (जीव संयोतो) माना। उनके साथ सदैव आत्मीयता स्थापित करना बौद्धों को उस समय प्रिय था और इस समय भी प्रिय है। सारनाथ में तिब्बती संस्थान (डीम्ड यूनिवर्सिटी) के संचालक निदेशक प्रो. एस. रिनपोछेजी, संप्रति माननीय प्रधानमंत्री, तिब्बत की निर्वासित सरकार, बड़े पेड़ों के नीचे उगे हुए छोटे पेड़-पौधों को कभी न स्वयं काटते और न काटने देते थे। वे उन्हें सफाई कर अच्छी प्रकार सँवार देते थे, जिससे वे देखने में आकर्षक प्रतीत होने लगते थे। इन्हीं पेड़-पौधों के साथ बौद्धों की आत्मीयता है और पर्यावरणीय देन भी।

बुद्ध ने स्वयं अपने को प्रकृतिमय ही कर लिया था। प्रकृति की गोद में लुंबिनी वन में जन्म और बोधगया में नैरंजना नदी के किनारे पीपल वृक्ष के नीचे बुद्धत्व लाभ किया, मृगों से पूर्ण हरे-भरे वन ऋषिपत्तन मृगदाय सारनाथ में धर्मोपदेश देना प्रारंभ किया और प्रकृति की गोद में शालवृक्षों के नीचे कुशीनगर में शरीर त्याग (महापरिनिर्वाण प्राप्त) किया। जीवन भर स्वयं भिक्षु संघ के साथ आम्रवन, वेणुवन, सिंसिपा वन, न्यग्रोध वन, जंबू वन, लट्ठिकावन आदि में ही ठहरते रहे। संपूर्ण उपदेशों के दो तिहाई उपदेश श्रावस्ती के जेतवनाराम और पूर्वाराम विहार में ही दिए। ऐसी थी उनकी प्रकृति के साथ आत्मीयता।

विनय पिटक से पता चलता है कि राजगृह में पदचारिका करते समय तथागत गौतम बुद्ध ने धान की फसल से भरे हुए लहलहाते खेतों को देखा। उनमें कुछ धान के खेत पकने के करीब होने के कारण कुछ पीलापन लिये हुए थे, कुछ गहरे रंग के थे। उन्होंने यह भी देखा कि कुछ खेत लंबे कुछ चौकोर हैं। अस्तु तथागत ने उन्हीं धान के खेतों से प्रेरणा ली और उसी रंग के चीवर बनाए। आज भी हम भिक्षुओं को उसी रंग और आकार-प्रकार के चीवर पहने देखते हैं। इसी प्रकार स्तूपों के आकार की प्रेरणा, वर्षा ऋतु में पानी के उठते बुलबुले, धान की राशि और बठिया से प्राप्त की। इसीलिए कुछ स्तूप बुलबुलाकर (यथा-साँची का स्तूप), कुछ धान्याकार (धान्य कटक का स्तूप), कुछ बठियाकार (सारनाथ का धमेक स्तूप) हैं।

बुद्ध ने अनुभव किया था कि मानव-जीवन के लिए पेड़-पौधे ही नहीं, पशु-पक्षी, कीड़े-मकोड़े भी सहायक हैं। अस्तु उनके प्रति भी उनके मन में इतना करुणा भाव था कि हिंसक पशु भी उनकी सेवा करते थे। कौशांबी में तथागत बुद्ध पारलेय्यक वन को चले गए। वहाँ हाथियों ने सूँड़ में पानी ला-लाकर उन्हें नहलाया था। वैशाली में आज भी मर्कट ह्रद विद्यमान है, जहाँ एक मर्कट (बंदर) ने तथागत बुद्ध के एक पत्ते के

दोने में मधु लाकर दिया था। खूनी हाथी नालागिरि को अपनी मैत्री भावना से जीतकर विनीत किया था। मुचलिंद नाग ने आँधी-तूफान वर्षा में उनकी रक्षा की थी। इसी प्रकार अग्नि पूजक जटिल काश्यप के आश्रम में भयानक विषैला नाग भी बुद्ध की करुणा और मैत्री भावना से अभिभूत हो, उनको डसने के बजाय, फन नीचा करके उनके पात्र में चुप-चाप बैठा रहा, जिसे दूसरे दिन सबेरे देखकर काश्यप आश्चर्यचकित हो, बुद्ध के शिष्य बन गए थे। यह प्राणियों के प्रति उनकी करुणा और मैत्री और अक्षति की भावना का प्रभाव ही था। घायल हंस की सेवा सभी जानते हैं। राजगृह के वेणुवन विहार में 'कलंदक निवाप' था, जहाँ गिलहरियों को भोजन कराया जाता था। बुद्ध को यह स्थान बहुत प्रिय था। वैसे भी ज्ञात ही है कि हाथी, बैल, सिंह और अश्व, चारों पशु उनके जीवन से घनिष्ठ रूप से संबद्ध थे।

महामानव बुद्ध और उनके श्रावक शिष्यों से संबंधित स्थलों को चिरस्थायी बनाने के लिए मौर्य सम्राट् अशोक ने 84 हजार (अथवा 80 हजार) स्तूपों का निर्माण करवाया था। वर्तमान में भारत में ही नहीं, नेपाल, पाकिस्तान, अफगानिस्तान आदि देशों में उनके खँडहर पुरातात्त्विक उत्खननों में बराबर प्राप्त हो रहे हैं। ये सभी स्तूप, सघन वनों, पर्वतों तथा नदियों के किनारे ऊँचे स्थानों पर बनाए गए थे। दो-एक उदाहरण देना आवश्यक प्रतीत होता है। मध्य प्रदेश में साँची से भोपाल जानेवाली पक्की सड़क के दाहिनी ओर साँची से 14 किलोमीटर और सलामतपुर रेलवे स्टेशन से 80 कि.मी. दूर सतधारा नदी के किनारे विशाल स्तूपों का एक संकुल विद्यमान है। एक स्तूप तो साँची स्तूप के बराबर ऊँचा प्रतीत होता है। थोड़ी दूर पर भोजपुर पहाड़ी पर 65 स्तूप विहारों का समूह है। इस समय भी यह भू-भाग सघन वन से आच्छादित और हिंसक पशुओं से भरपूर है। सतधारा स्तूप समूह के पास एक बोर्ड लगा हुआ है, जिस पर अंकित लेख का भावार्थ यह है कि "यह वह

स्थान है, जहाँ बुद्ध धर्म के भिक्षुओं ने हिंसक पशुओं को भी अपनी मैत्री और करुणा भावना से अपना मित्र बना लिया था।"

इसी प्रकार हिमालय की तराई के वन खंड में पूर्व से पश्चिम तक बौद्ध स्तूपों-विहारों के प्राप्त खँडहर यही बतलाते हैं कि बौद्ध धर्म के लोगों को प्रकृति से कितना लगाव था। इसी शृंखला में बिहार प्रदेश के उत्तर चंपारण जिले में गंडक नदी की घाटी में स्थित केसरिया स्तूप का भी स्मरण करना आवश्यक समझता हूँ, क्योंकि वह आठ मंजिला स्तूप, दुनिया के सबसे ऊँचे जावा के बोरोबुदुर स्तूप से भी ऊँचा स्तूप है। यह विशाल परिसर सघन वन से आच्छादित है। ये सभी उदाहरण यही बतलाते हैं कि बुद्ध और उनके अनुगामी बौद्ध संघ, शुद्ध पर्यावरण में रहते थे और उसी प्रकार शुद्ध पर्यावरण में रहने के लिए गाँव-गाँव में विचरण कर उपदेशों द्वारा लोगों को सचेत करते रहते थे और आज भी कर रहे हैं।

तथागत गौतम बुद्ध ने पानी की शुद्धता पर बहुत बल दिया है, वे उसका दुरुपयोग निषिद्ध मानते थे। समुद्र के आठ गुण को बतलाकर उन्होंने संसार को यह बता दिया है कि प्रकृति से उनकी कितनी गहरी आत्मीयता थी और वे कितने नजदीक थे। विनय पिटक के चुल्लवग्ग में समुद्र के वर्णन से समुद्र के गुण और उसके अंदर रहनेवाले जीव-जंतुओं का बुद्ध ने कितना सूक्ष्म अध्ययन किया था, इसका पता चलता है। इस सूत्र में वे बताते हैं—

1. समुद्र क्रमशः गहरा और स्थित धर्मवाला होता है। वह कभी किनारे को नहीं छोड़ता।
2. मरे मुर्दों से पानी दुर्गंधित नहीं करता, बल्कि लहरों से उन्हें बाहर फेंक देता है। गंगा, यमुना, अचिरवती, सरयू, माही नदियों को अपने में मिलाकर समुद्रमय कर लेता है। वह एक समान और एक रसवाला (लवणरस वाला) रहता है। बहुरत्नों को (मोती,

वैदुर्य प्रवाल आदि) धारण करता है।

3. विभिन्न धाराएँ-नदियाँ, समुद्र में गिरती हैं, लेकिन उनसे उसमें अधिकता या न्यूनता नहीं आती। वह छोटे-छोटे जीवों को ही नहीं, अपितु एक योजनवाले, एक सौ, दो सौ योजनवाले, तीन, चार और पाँच सौ योजनवाले शरीरधारी जीवों को भी शरण देता है। इस विवरण से पता चलता है कि गौतम बुद्ध का भौगोलिक और प्राकृतिक पर्यावरणीय ज्ञान कितना गहन था।

सामाजिक पर्यावरण

पर्यावरण का दूसरा भाग सामाजिक पर्यावरण या मानवीय पर्यावरण है। इसे सांस्कृतिक पर्यावरण भी कहते हैं। मानव स्वभाव से तृष्णावान है। सुख-भोग की उसकी तृष्णा कभी शांत नहीं होती। यही सुख, दु:खों का मूल है (अविद्या परमं मलं)। धम्मपद में बुद्ध ने अविद्या की लंबी खबर ली है। 'प्रतित्य समुत्पाद' की पहली कड़ी भी अविद्या ही है। मध्ययुगीन संत रैदास ने भी कहा है कि—

"अविद्या बहुत अहितकीन्ह, ताते ज्ञानदीप भयो मलीन"

तथागत गौतम बुद्ध ने कहा था कि यह अविद्या ही तृष्णा को बढ़ाती है और तृष्णा ही परम सुख निर्वाण (निब्बानं परमं सुखं) प्राप्ति के मार्ग में सबसे बड़ी बाधा है। प्राकृतिक उत्पादों पर ज्यों ही मनुष्य का नियंत्रण होता है, वहीं भेद-भाव शुरू हो जाता है। चाहे पानी का वितरण हो अथवा बिजली या हवा का। मनुष्य, जब और जिसे चाहता है, उसे देता है और अन्यों को तरसाता है। इससे पारस्परिक सौहार्दपूर्ण व्यवहार टूटता है और मानवीय पर्यावरण प्रदूषित होना शुरू हो जाता है।

छठवीं और पाँचवीं शताब्दी ई.पू. में फैल रहे प्रदूषित मानवीय पर्यावरण को बुद्ध ने देखा और समझा था, जिससे वे बहुत चिंतित थे, क्योंकि स्वस्थ समाज, अपनी प्रगति, स्वस्थ पर्यावरण और पारिस्थितिकी

में ही कर सकता है, जिसके लिए तथागत बुद्ध कृतसंकल्प थे। अस्तु उन्होंने उस मानवीय प्रदूषण के कारणों को खोजा और उस सामाजिक पर्यावरण के प्रदूषण को रोकने के लिए उपाय किए। उनका मत था कि प्रदूषणों को दो स्तरों पर समझना और रोकना चाहिए। पहला, मनुष्य इकाई के स्तर पर और दूसरा, सामुदायिक स्तर पर। उनका यह दृढ़ मत था कि यदि अकेला व्यक्ति सुधर जाए और अपने आस-पास के पेड़-पौधों, जीव-जंतुओं के प्रति सहृदयता का व्यवहार करने लगे और संवेदनशील हो जाए तो समुदाय और समाज में पर्यावरण सुधार अपने आप आ जाएगा। इसके लिए उन्होंने पंचशील का सिद्धांत समाज को दिया। पंचशील इस प्रकार है—

(1) किसी जीव की हिंसा में रत मत हो, (2) बिना दी हुई वस्तु मत लो, (3) कामवासना में रत मत हो, (4) झूठ, कठोर और मिथ्या वचन से बचो, (5) शराब, ताड़ी तथा अन्य नशीले पदार्थों और प्रमादक स्थानों (जुआ आदि खेलने के स्थानों) से दूर रहो।

स्वस्थ मानवीय समाज की स्थापना के लिए यह उपदेश सूत्र स्वरूप है। इकाई और समुदाय को अलग करके नहीं देखा जा सकता। इसलिए रेखा खींचकर यह नहीं कहा जा सकता कि तथागत के अमुक नियम वैयक्तिक जीवन के लिए अमुक सिद्धांत पूरे समाज के लिए थे। फिर भी सामाजिक पर्यावरण सुधार के लिए उनके निम्नलिखित सिद्धांतों का उल्लेख किया जा सकता है।

मानवीय एकता

तथागत ने कहा कि संसार में पशु-पक्षियों, पेड़-पौधों, कीड़े-मकोड़ों में जातियाँ होती हैं, जिन्हें दूर से देखकर पहचाना जा सकता है कि यह घोड़ा, मोर, बिच्छू या नीम का पेड़ है, लेकिन मनुष्य को देखकर, उसकी जाति नहीं जानी जा सकती। इसलिए संसार में मनुष्य

की एक ही 'मनुष्य जाति' है, जिसमें कोई पृथक्कता नहीं (एकैव जातिर्लोके सामान्या न पृथग्विधा)।

बुद्ध की दूसरी स्थापना यह थी कि कोई भी व्यक्ति जन्म के आधार पर न तो नीचा होता है और न ऊँचा। अपने कर्मों से मनुष्य ऊँच और नीच अर्थात् ब्राह्मण और वृषल हो सकता है।

"न जच्चा वसलो होति न जच्चा होति ब्राह्मणो।
कम्मुना वसलो होति कम्मुला होति ब्राह्मणो।"

सामाजिक पर्यावरण के लिए तीसरी स्थापना मानवीय गरिमा की थी। बुद्ध ने कहा कि मनुष्य जन्म दुर्लभ है (दुल्लभो पुरिसा जत्त्रों)। इसलिए अच्छे कल्याणकारी कार्य करो। तुम अपने स्वामी या मालिक स्वयं हो, कोई दूसरा पड़ोसी तुम्हारा स्वामी नहीं हो सकता।

"अत्ताहि अत्तनो नाथो। कोहि नाथो परोसिया।"

इसलिए स्वयं अपना प्रदीप बनो, स्वयं प्रकाशित हो और दूसरों को अँधेरे से प्रकाश (ज्ञान प्रकाश) में लाओ।

श्रम महत्त्व की स्थापना

बुद्ध ने श्रम की महत्ता स्थापित की और कहा कि जो लोग बिना उत्पादन के राष्ट्र का अन्न खाते हैं, वे मानो तपते लोहे का गोला खाते हैं। यह स्वावलंबन की दिशा में मील का पत्थर ही था। इससे सामाजिक प्रदूषण बढ़ाने वाली शोषण प्रवृत्ति कम होती है और स्वस्थ वातावरण बनता है। उन्होंने श्रम में ऊँच-नीच के भेद-भाव को समाप्त किया, जो श्रम के महत्त्व की स्थापना का सुपरिणाम था। शिल्प कला का चतुर्दिक विकास। श्रमिक शिल्पी स्वावलंबी संगठन बना सके और सम्मानित जीवन बिता सके।

वैचारिक स्वतंत्रता

स्वस्थ सामाजिक पर्यावरण के लिए विचार और अभिव्यक्ति की

स्वतंत्रता का होना आवश्यक है। यह अनुभव करके ही उन्होंने वैचारिक स्वतंत्रता का सिद्धांत प्रतिपादित किया था, जिसमें कोई भी व्यक्ति किसी की बात को मानने के लिए बाध्य नहीं किया जा सकता। मानने या न मानने का निर्णय उसके हित अहित के विवेक पर निर्भर था। कई बातें धर्म ग्रंथों में लिखी हैं, परंपरा से चली आ रही हैं, पुरखे इन्हें करते या कहते आए हैं, किसी नेता या महात्मा ने कही है, इसलिए सही ही है, आँख बंद करके उसे सही मान लो, ऐसा मानना उचित नहीं। बुद्ध ने बताया कि किसी बात को सुनो, उस पर विचार करो और यदि वह तुम्हारे तथा समाज के लिए हितकारी और कल्याणकारी हो, तभी उसे स्वीकार करो, अन्यथा त्याग दो। वैचारिक स्वतंत्रता के लिए यह उनका अद्वितीय घोषणा-पत्र था। 'कालाम सुत्त' में उसका विस्तृत विवरण प्राप्त होता है।

सबको विद्या

सांस्कृतिक स्वस्थ पर्यावरण के लिए बुद्ध की सबसे बड़ी देन यह थी कि उन्होंने वर्ण, जाति, देश, प्रदेश, लिंग के भेद-भाव के बिना सबके लिए शिक्षा के द्वार खोल दिए। प्रत्येक बौद्ध विहार एक विद्यालय ही था, जहाँ सभी जातियों के लोग पहुँचकर शिक्षा प्राप्त कर सकते थे। इसके अलावा जो लोग विहार नहीं आ-जा सकते थे, उनके लिए, उनके घर पर ही बुद्ध ने शिक्षा का प्रबंध किया था। जिसके लिए उन्होंने भिक्षु संघ के सभी भिक्षुओं को निर्देशित किया कि, वे गाँव-गाँव जाकर लोगों को उनके हित सुख, कल्याण और आर्थिक उन्नति के लिए शिक्षा (उपदेश) दें, उनके उपदेश लोगों के लिए आदि, मध्य और अंत तक कल्याणकारी हों। यही नहीं, यह भी निर्देश दिया कि एक मार्ग से एक ही भिक्षु (आचार्य) जाए, ताकि ज्यादा से ज्यादा लोगों को जीवनोपयोगी शिक्षा दी जा सके।

नारी सम्मान

यद्यपि ब्राह्मण धर्म ग्रंथों में यह लिखा गया है कि जहाँ नारियों की पूजा होती है, वहाँ देवता निवास करते हैं (यत्र नार्यस्तु पूज्यन्ते रमन्ते तत्र देवता) लेकिन व्यवहार में उन्हें 'पैर की पनही' और 'प्रताड़ना की अधिकारिणी' ही माना गया। कन्या रूप में उसका जन्म ही दुःखदायी माना जाता था। एक समय कौशलराज प्रसेनजित को, पुत्री जन्म सुनकर, चिंतित देखकर बुद्ध ने अचानक राजा की चिंता का कारण पूछा। जब राजा ने उसका कारण, पुत्री जन्म बताया, तब बुद्ध ने कहा राजन, स्त्री-पुरुष गार्हस्थ जीवन रूपी रथ के दो चक्के (पहिए) हैं। दोनों के बराबर होने पर ही रथ ठीक चलता है। हमारा तुम्हारा जन्म भी तो स्त्री से ही हुआ है। यदि स्त्री न होती तो मानव जन्म असंभव था। यह सुनकर राजा प्रसन्न हुआ। बुद्ध ने स्त्रियों के प्रति हेय विचारों को समाप्त कर उन्हें पुरुषों के समान सम्मान प्रदान किया।

शाक्य मुनि बुद्ध ने भिक्षु संघ के समान भिक्षुणी संघ भी बनाया। उनके लिए अलग विहार (उपस्सय) बनाए गए। वे उपदेशिकाएँ भी बनीं। थेरीगाथा नामक ग्रंथ में बौद्ध भिक्षुणियों के जीवन, उनके द्वारा प्राप्त ज्ञान तत्त्व संगृहीत है। इस ग्रंथ में उन्होंने भिक्षुणी होने के पूर्व के दुःखी और प्रताड़ित जीवन का भी स्वयं वर्णन किया है। भिक्षुणी आचार्यों के रूप में ही नहीं, आम्रपाली गणिका, चांडालकन्या प्रकृति (कहीं-कहीं चांडालिका) को भी सम्मान प्रदान किया और उनको सम्मान दिलाया। यह स्वस्थ सांस्कृतिक पर्यावरण के लिए बुद्ध की अद्वितीय देन थी।

उपदेश नहीं, कल्याण करो

उपदेश देना आसान है, पर कार्य करना कठिन होता है। इसलिए बुद्ध ने कहा था कि 'कहो नहीं, बल्कि कार्य करो'। बुद्ध ने स्वयं कार्य किया। उसका उपदेश बाद में दिया। यही कारण है कि उसका व्यापक

और स्थायी प्रभाव हुआ है। श्रावस्ती में भिक्षुसंघ सहित बुद्ध ठहरे हुए थे। टहलते हुए उन्होंने देखा कि एक भिक्षु चारपाई पर मल-मूत्र से लथपथ पड़ा हुआ है। तथागत ने उससे पूछा, "हे भिक्षु! तुम्हारी सेवा-शुश्रूषा करनेवाला कोई नहीं है?" उसने कहा, "भगवन्, मैं अब वृद्ध हो गया हूँ, मेरे से किसी का कुछ नहीं हो पाता। इसलिए मेरी कोई सेवा-शुश्रूषा नहीं करता।" तथागत ने आनंद से पानी मँगाया। स्वयं उसे नहलाया, वस्त्र बदले, आसन बदला और दवा का प्रबंध किया। ऐसी थी बुद्ध की करुणा।

शाम को भिक्षु संघ को उपदेश देते समय महामानव बुद्ध ने कहा, "भिक्षुओ! तुम माता-पिता, घर-परिवार, पत्नी-पुत्र छोड़कर प्रव्रजित हुए हो और भिक्षु संघ में सम्मिलित हुए हो। यहाँ भिक्षु संघ ही तुम्हारा माता-पिता, भाई-बंधु और परिवार है। यदि तुम एक-दूसरे की सेवा-शुश्रूषा, देखभाल नहीं करोगे तो कौन करेगा?" बुद्ध का यह उपदेश स्वस्थ सामाजिक पर्यावरण के लिए अत्यंत कारगर और आवश्यक है।

भवन निर्माण में गौतम बुद्ध का पर्यावरणीय दृष्टिकोण

बुद्ध ने भौगोलिक, प्राकृतिक और सामाजिक पर्यावरण को शुद्ध रखने पर बल तो दिया ही, साथ ही भवन निर्माण में भी पर्यावरणीय और पारिस्थितिकी शुद्ध को रेखांकित किया। पेड़-पौधों के मध्य, उद्यानों, वनों में और नदियों के किनारे, शहरों, ग्रामों से हटकर भिक्षु आवास-विहार बनाने का नियम बुद्ध ने बनाया था (गामातो नेव अति दूरे न अच्चासन्ने)। आज हजारों विहारों, महाविहारों, स्तूपों के ध्वंसावशेषों, वनों-उद्यानों में नदियों के किनारे ही मिलते हैं। विहारों के निर्माण में इस बात का बराबर ध्यान रखा जाता था कि किसी ओर से भी हवा चले, तो पूरे भवन में हवा और प्रकाश पहुँचता रहे। विहार के मध्य में आँगन

(परिवेण) एक कोने पर कुआँ, गंदा पानी निकालने के लिए नालियाँ (उदकनिद्धमन) होना आवश्यक था। बाहर से आनेवाले लोगों के लिए नियम था कि वे हाथ-पैर धोकर ही विहार में प्रवेश करेंगे, जिसके लिए अलग पानी (उपरपानीय) का प्रबंध रहता था। पीने के लिए पानी का अलग व्यवस्था थी (पानीय)। कुओं को ढक्कन (अपिधान) से ढका जाता था। पानी रखने के लिए लोहे के कड़ाह (उदक कटाह) होते थे। पानी पीने के लिए गिलास (पानीय संख, कुल्हड़, सरावक) रखे जाते थे। भिक्षुओं के लिए आवश्यक वस्तुओं में पानी छानने के लिए जल छन्ना भी एक था। पर्यावरण स्वच्छता का कितना ध्यान बुद्ध ने रखा था। बाहर से आनेवालों के लिए पैरों में धूल-धक्कड़, नाना प्रकार के कीटाणु लगना स्वाभाविक था। अतः हाथ-पैर धो लेने से वे कीटाणु विहारवासियों तक नहीं जा पाते थे।

पेशाब करने के लिए एक ओर दूर पेशाबघर (पस्सावकुटी) होता था, पेशाब करने के लिए पात्र (पस्सावकुंभि या पस्सावदोणि) होता था। दुर्गंध न फैले, इसके लिए उस पर ढक्कन (अपिधान) रहता था। टट्टी के लिए 'वच्चकुटी' होती थी, जहाँ सफाई के लिए बराबर मटके में पानी रखा रहता था। टट्टी जानेवाले व्यक्ति के लिए नियम था कि वह शौच के बाद घड़े में पानी भरकर रखेगा, लेकिन वृद्धों के लिए यह नियम लागू नहीं था। उनके लिए उनके शिष्य पानी भरकर रखते थे। विहार के लिए एक ओर पुष्करिणी का भी होना आवश्यक था।

विनयपिटक से पता चलता है कि पर्यावरण की शुद्धता के लिए ही यह नियम बनाया गया था कि हरियाली पर कोई पेशाब, पाखाना न करे, पानी में पेशाब-पाखाना न करे और खड़े-खड़े भी पेशाब-पाखाना न करे। ऐसा कार्य दुष्कृत्य माना जाता था। पुष्पों और सुगंधित पदार्थों से विहार सुगंधित वातावरण से परिपूर्ण रहते थे, जिससे विषैले कीटाणु नहीं पनप पाते थे।

पर्यावरण और पारिस्थितिकीय प्रदूषण निवारण के उपाय

उपर्युक्त प्रदूषणों से भी अधिक खतरनाक है—दिन-पर-दिन बढ़ रहा दिमागी प्रदूषण, जिसके कारण विश्व के बड़े-बड़े राष्ट्र परेशान हैं और जीवन दूभर हो रहा है। प्रश्न उठना स्वाभाविक है कि क्या उसके निवारण के लिए भी महामानव बुद्ध ने कोई उपाय बताया है? इसका उत्तर 'हाँ' में मिलता है। वस्तुत: प्रदूषण मन के विचारों की उपज है। मनुष्य के मन में जो भाव उठता है, उसी के अनुकूल वह कार्य करता है। इसलिए कार्य की शुद्धता के लिए मन की शुद्धता और निर्मलता आवश्यक है, जिसके लिए महाकारुणिक बुद्ध ने सरल भाषा में बतला दिया है कि—

"सब्ब पापस्स अकरणं कुसलस्स उपसंपदा।
सचित्त परियोदपनं एतं बुद्धानुसासनं॥"

अर्थात् "बुराइयों से दूर रहो, अच्छाई से कार्य करो और अपने चित्त (मन) को निर्मल रखो।" धम्मपद के प्रारंभ में ही बुद्ध ने मन के नियंत्रण पर बल दिया है। बतलाया है कि अच्छे मन से किया हुआ कार्य सुखदायी और खराब मन से किया हुआ कार्य दु:ख का कारण बनता है। इसलिए मन को सदैव निर्मल रखो। राग, द्वेष, मोह, लोभ, मत्सर से मुक्त रखो। इससे दु:ख तुम्हारे पास नहीं आएँगे और पास-पड़ोस के लोग भी प्रसन्न रहेंगे। बैर-भाव पैदा नहीं होगा। मन की निर्मलता ही नहीं, मन में करुणा, दया, दूसरों की सहायता करने की भावना भी पैदा होना जरूरी है।

करणीयमेत्त सुत्त में तथागत गौतम बुद्ध ने बतलाया है कि मन में यह करुणा जलचर, थलचर और नभचर सभी प्राणियों के प्रति होनी चाहिए, चाहे वे छोटे हों अथवा समीप हों, उत्पन्न हो चुके, उत्पन्न होनेवाले अथवा विद्यमान हों। जैसे माता अपने इकलौते पुत्र की रक्षा के लिए पवित्र भावना रखती है, वह सबकुछ न्योछावर करके भी अपने पुत्र

की रक्षा करती है। सभी प्राणियों के प्रति हमारी ऐसी ही करुणा भावना हो जाए। तभी स्वस्थ सांस्कृतिक पर्यावरण स्थापित होगा।

सांस्कृतिक और सामाजिक पर्यावरण सुधार का एक सुंदर उदाहरण संयुक्तनिकाय में आलंबक यक्ष और गौतम बुद्ध के प्रश्नोत्तरों में मिलता है। आलंबक पूछता है, "पुरुष का सर्वश्रेष्ठ धन क्या है?" बुद्ध ने उत्तर दिया 'श्रद्धा'। पुन: यक्ष पूछता है, "लोग कैसे दूसरों को अपना मित्र बना लेते हैं और मित्रों को जमाकर रखते हैं?" तथागत ने कहा, "अपने शील, आचरण तथा मृदु वचनों से, लोग अन्यों को अपना मित्र बना लेते हैं और उन्हें जमाकर रखते हैं।" विखंडित हो रहे समाज को संगठित करने का यह स्वस्थ उपाय बुद्ध ने बतलाया।

पारिस्थितिकी-पर्यावरण प्रदूषण की समस्या का निदान किसी अकेले व्यक्ति के लिए कठिन है। इसके लिए सामूहिक ही नहीं, समग्ररूप से लोगों को प्रयास करने की आवश्यकता है। इस संबंध में धम्मपद में तथागत बुद्ध ने एक गाथा में इस प्रकार का उपदेश दिया है—

सुखो बुद्धानं उप्पादो सुखो धम्मस्सदेसना।
सुखा संघस्स सामग्गी, समग्गानं तपो सुखो॥

अर्थात् बुद्धिमान लोगों का उत्पन्न होना सुखकर है और सद्धर्म का वाचन-श्रवण मनन-पालन सुखदायी है। लोगों का समग्र रूप में एक साथ रहना, समस्या पर विचार करना और निराकरण के उपाय खोजना सुखकर है और सबसे अधिक सुखदायी है कि सभी मिलकर अपने-अपने मन, वचन और कर्म के दोषों-राग, द्वेष, लोभ, मोह, अभिमान, आलस्य, प्रमाद आदि को त्यागकर अपने-अपने मन चित्त के मैल को निकालकर प्रदूषणमुक्त समाज का निर्माण करें, जैसे सोनार, सोने का और लोहार, लोहे को तपाकर उसके मैल-मुर्चा आदि को नष्ट कर देता है और साफ सोने और लोहे से सुंदर आकर्षण आभूषण तैयार करता है।

◻

कृषि एवं पर्यावरण के बारे में गौतम बुद्ध के विचार

गौतम बुद्ध का जन्म लुंबिनी वन में एक शाल वृक्ष के नीचे हुआ था। उनके बचपन का नाम सिद्धार्थ था। उनके पिता राजा शुद्धोदन के पास खेती की बहुत सारी जमीनें थीं, जिनमें खेती की जाती थी। धान बोने के प्रथम दिन मनाए जानेवाले वप्रमंगल उत्सव के समय वे स्वयं हल जोता करते थे। गौतम बुद्ध गाँवों में किसानो के बीच जाकर उनकी समस्याओं को स्वयं सुना और समझा करते थे और कृषि से संबंधित समस्याओं को सुलझाने के लिए समुचित उपदेश दिया करते थे। 29 वर्ष की आयु में सिद्धार्थ गौतम ने गृह त्याग किया और 6 वर्षों तक विभिन्न आश्रमों, गुफाओं, कंद्राओं में तपस्या की, लेकिन यह एक अजीब संयोग है कि उनको बुद्धत्व प्राप्ति बोधगया में एक पीपल के पेड़ के नीचे, खुले आसमान और खुली प्रकृति में हुई। सारनाथ में मृगदाय वन में उन्होंने अपना पहला उपदेश दिया, जिसे 'धम्मचक्र प्रवर्तन सूत्र' के नाम से जाना जाता है, यह पहला उपदेश भी उन्होंने एक पेड़ के नीचे, खुले आसमान और खुली प्रकृति में दिया। 45 वर्षों तक उन्होंने धम्मचारिका की और बड़े-बड़े भव्य विहारों में निवास किया, लेकिन महापरिनिर्वाण कुशीनगर में दो साल वृक्षों के नीचे खुले आसमान और खुली प्रकृति में प्राप्त किया।

गौतम बुद्ध ने पानी के समुचित उपयोग पर बल दिया है। उनके

गृह त्याग का एक मुख्य कारण रोहिणी नदी के पानी के बँटवारे के लिए शाक्यों और उनके पड़ोसी राज्य के कोलियों के बीच युद्ध की नौबत उत्पन्न हो जाना था। गौतम बुद्ध ने दोनों पक्षों को समझाने की पूरी कोशिश की और कहा कि युद्ध कभी किसी समस्या का हल नहीं होता। पानी के बँटावारे को आपसी बातचीत से निपटाया जाना चाहिए, लेकिन शाक्य सेनापति इस बात के लिए सहमत नहीं हुए और विरोधस्वरूप सिद्धार्थ गौतम ने गृह त्याग करके दो राज्यों को युद्ध की विभीषिका से बचाया। गौतम बुद्ध ने पानी के समुचित उपयोग पर बल दिया और कहा कि पानी की एक भी बूँद व्यर्थ नहीं की जानी चाहिए। नदियाँ हमारे देश की जीवनधारा हैं और उनके समुचित संरक्षण से ही पूरे वर्ष सिंचाई के लिए पानी उपलब्ध हो सकता है। आज हमारे देश के कई भागों में भूमिगत जलस्तर घटता जा रहा है और कुओं और ट्यूबवेलों से पानी निकालने के लिए पहले से कई गुणा ज्यादा मेहनत करनी पड़ रही है। ऐसे में भगवान् बुद्ध की उपरोक्त शिक्षा अत्यंत उपयोगी है।

आज के युग में वन्य-जीव-संरक्षण के लिए अनेक उपाय किए जा रहे हैं, किंतु अब से ढाई हजार वर्ष पहले ही भगवान् बुद्ध ने वन, वन्य जीवन और पालतु पशु-पक्षियों के संरक्षण और संवर्धन के लिए विशेष प्रकार की प्रेरणा से अभिभूत होकर आंदोलन चलाया था। उस समय यज्ञ के नाम पर हजारों पशु-पक्षियों, वृक्षों एवं खाद्यान्न की आहुति दी जाती थी। भगवान् बुद्ध बिना हिंसा के यज्ञ का प्रचार कर रहे थे।

एक बार कूटदंत नाम एक व्यक्ति ने बुद्ध की शिक्षा के बारे में सुना, तो वह बुद्ध के पास आया और प्रश्न किया, 'भगवान्! यज्ञ के बारे में आपका क्या मत है?'

बुद्ध बोले, कि जिस किसी भी यज्ञ में निरीह जानवरों की बलि दी जाती हो, ऐसा यज्ञ प्रशंसा का पात्र नहीं हो सकता। यज्ञ में बलि के कारण कृषि के लिए आवश्यक जानवरों, जैसे बैल और गायों की कमी

होती जा रही थी। भगवान् बुद्ध ने पशु-बलि का विरोध करके कृषि के लिए आवश्यक पशुधन संसाधनों की रक्षा की। बुद्ध की शिक्षाओं के कारण लोगों ने पशुबलि को बंद किया और भारत में पशु संसाधनों की उत्साहवर्धक बढ़ोत्तरी हुई, जिसका लाभ कृषि को मिला।

भगवान् बुद्ध और बौद्ध धर्म मानव इतिहास में इस बात के लिए सदा आदर के साथ स्मरण किए जाएँगे कि उन्होंने अपने युग में यज्ञ के नाम पर होनेवाली पशु हिंसा को समाप्त करवाया। भगवान् बुद्ध का नाम पर्यावरण के मार्गदर्शक के रूप में भी बहुत आदर व सम्मान के साथ लिया जाता है, क्योंकि उन्होंने अपने उपदेशों द्वारा वन और वृक्षों की रक्षा और संवर्धन पर बहुत जोर दिया। उन्होंने अपनी शिक्षाओं द्वारा वृक्षारोपण के महत्त्व को समझाया और अपने अनुयायियों को प्रकृति के साथ सामंजस्य स्थापित कर जीवन जीने की प्रेरणा दी।

धम्म पद में 423 उपदेशों में से लगभग 250 उपदेश पशु-पक्षी, पेड़-पौधों, उनके उत्पादन और प्रकृति को आधार बनाकर दिए गए हैं। इसी तरह बौद्धों के ग्रंथ मिलिंद प्रश्न में पशु-पक्षी, वन-वृक्ष और प्रकृति की अत्यधिक सूक्ष्म विवेचना की गई है। मिलिंद प्रश्न में 104 पशु-पक्षियों एवं पेड़-पौधों के गुण और मानव जीवन में उनकी उपयोगिता पर विस्तार से प्रकाश डाला गया है। महान् सम्राट अशोक ने अपने राज्य की कल्याणकारी योजनाओं को पशु-पक्षियों के माध्यम से ही व्यक्त किया था। अशोक की राजमुद्रा, जो हमारे वर्तमान भारत का सरकारी राजचिह्न है, उसमें चार शेर चारों दिशाओं की ओर मुँह करके एक-दूसरे से कमर सटाकर खड़े हुए हैं। इन शेरों को जीवंत मूर्तिकला के माध्यम से दहाड़ते हुए दिखाया गया है। इतना ही नहीं, इस प्रतिमा के नीचे एक घोड़ा, एक हाथी, एक साँड़ एवं एक हिरन को दौड़ते हुए मुद्रा में दर्शाया गया है। यहाँ यह बात विशेष ध्यान देने योग्य है कि हाथी सिद्धार्थ के जन्म का प्रतीक है, घोड़ा उनके महाभिनिष्क्रमण का, साँड़ उनकी महानता को

प्रकट करता है, तो हिरन उनके द्वारा सारनाथ में पंचवर्गीय भिक्खुओं को दिए गए सर्वप्रथम प्रवचन (धम्मचक्र प्रवर्तन सुत्त) को दर्शाता है।

गौतम बुद्ध ने किसानों को अन्नदाता और गृहपति शब्दों से संबोधित किया है। बुद्ध ने कृषि से संबंधित अपने आर्थिक विचार चक्कवत्ती सिंहनाद सूत्त और कूटदंत सूत्त में व्यक्त किए हैं। अलवी गाँव में भोजन करने के बाद गौतम बुद्ध का उपदेश शुरू होने ही वाला था कि एक किसान आ गया, जो भूखा था। भगवान् बुद्ध ने कहा कि पहले इस किसान को खाना खिलाओ उसके बाद ही उपदेश शुरू होगा। भगवान् बुद्ध ने कहा, 'भूखे आदमी का मन उपदेश सुनने में कैसे लगेगा? भूख से बड़ा कोई दु:ख नहीं होता। भूख हमारे शरीर की ताकत को खत्म कर देती है, जिससे हमारी खुशी, शांति, स्वास्थ्य सभी समाप्त हो जाते हैं। हमको भूखे लोगों को कभी नहीं भूलना चाहिए। अगर हमें एक समय का खाना न मिले तो परेशानी होने लगती है, तो उन लोगों के कष्ट की कल्पना कीजिए, जिनको महीनों तक बराबर खाना नहीं मिलता। हमें ऐसा इंतजाम करना चाहिए, जिससे इस दुनिया में एक भी व्यक्ति को भूखा रहना न पड़े।' भगवान् बुद्ध कहते हैं कि हर इनसान का यह कर्तव्य है कि वह अपने पड़ोसियों के सुख-दु:ख में सम्मिलित हो। भगवान् बुद्ध का कहना था कि हमें भोजन करने से पहले यह देख लेना चाहिए कि हमारा पड़ोसी भूखा तो नहीं है। वे कहते हैं कि पड़ोसी के दु:ख में सम्मिलित होना और आवश्यकतानुसार सहायता करना हर इनसान का कर्तव्य है। भगवान् बुद्ध कहते हैं कि माँगने पर देना अच्छा है, लेकिन जरूरत समझकर बगैर माँगे हुए देना उससे भी ज्यादा अच्छा है। इसलिए हर इनसान का यह नैतिक कर्तव्य है कि अपने पड़ोसी की यथासंभव सहायता करे।

श्रावस्ती में कोसल नरेश प्रसेनजित को उपदेश देते हुए बुद्ध ने कहा, 'राज्य की अर्थ-व्यवस्था और न्याय-प्रणाली सुधारो। केवल सजा देने, जेल में रखने और शारीरिक दंड देने से अपराधों पर काबू नहीं पाया जा

सकता। अपराध और हिंसा तो भूख और गरीबी के स्वाभाविक परिणाम होते हैं। अत: जनता की सहायता करने तथा उनकी सुरक्षा का सर्वोत्तम उपाय करने के लिए स्वस्थ अर्थव्यवस्था के निर्माण करने पर ध्यान केंद्रित करना चाहिए। गरीब किसानों को भोजन, बीज और खाद-उर्वरकों पर तब तक आर्थिक सहायता दी जाए, जब तक वे आत्मनिर्भर न हो जाएँ। किसानों को उनकी उपज का उचित मूल्य दिया जाना चाहिए। छोटे व्यापारियों को पूँजी उधार दी जाए। लोगों से बेगार कराना बंद किया जाए। लोगों को अपना व्यवसाय-धंधा चुनने का अधिकार और अवसर दिया जाए। लोग जो काम करना चाहें, उनकी तकनीकी शिक्षा का इन्तजाम किया जाए। जब लोग अपने-अपने काम-धंधों में लग जाएँगे, कोई एक-दूसरे को परेशान नहीं करेगा, अर्थ-व्यवस्था में सुधार आएगा और राज्य की आमदनी बढ़ेगी। जनता में अमन-चैन और खुशहाली आएगी। लोग बच्चों को अपनी गोद में लेकर खुशी से नाचेंगे-गाएँगे और दरवाजे खुले छोड़कर सोएँगे।'

2011 की जनगणना के आँकड़ों के अनुसार हमारे देश में खेती करनेवाले किसानों की संख्या में प्रतिदिन 2000 की कमी हो रही है। खेती योग्य जमीन का उपयोग शहरीकरण और औद्योगीकरण में होने के कारण खेती के लिए जमीन घटती जा रही है। देश के कई भागों से कर्ज में डूबने के कारण किसानों द्वारा आत्महत्या की दु:खद घटनाएँ सामने आई हैं। गौतम बुद्ध ने उपदेश दिया कि अपनी आमदनी को चार भागों में बाँटकर एक हिस्सा रोजमर्रा के घर खर्च में लगाना चाहिए, दूसरा-तीसरा हिस्सा अपने व्यवसाय को बढ़ाने में लगाना चाहिए, चौथा हिस्सा वक्त-जरूरत के लिए बचाकर रखना चाहिए, आज के युग में जब आर्थिक वातावरण काफी बदल गया है, अब भी बुद्ध की उपर्युक्त शिक्षा उतनी ही प्रासंगिक है, जितनी उनके समय में थी। केवल उपभोग और बचत का प्रतिशत बदल सकता है, मूलभूत सिद्धांत वही है। बुद्ध ने धन कमाने

और खर्च करने, दोनों में ही नैतिक मूल्यों पर बहुत जोर दिया है। बुद्ध ने गृहस्थ उपासकों को सलाह दी कि आमदनी को परिवार, कर्मचारियों, रिश्तेदारों, सगे-संबंधियों, मित्रों और आध्यात्मिक साधनों में लगे लोगों में बाँटना चाहिए।

धन कमाने का उद्देश्य पारिवारिक और सामाजिक जिम्मदारियों को निभाने के लिए होना चाहिए, न कि धन बटोरने के लिए। बुद्ध ने ऐसे गृहस्थ की तुलना गाँव-शहर के निकट स्थित स्वच्छ; नीले और शीतल जलवाली ऐसी झील से की, जिसके पानी को लोग पी सकते हैं, उससे नहा सकते हैं और अन्य उपयोगों में ला सकते हैं।

गौतम बुद्ध अच्छी तरह जानते थे कि इनसान की सुख-शांति के लिए आर्थिक स्थिरता का होना जरूरी है। इसलिए उन्होंने लोगों को खूब मेहनत और ईमानदारी से, दूसरों का शोषण किए बगैर, वैसे ही पैसे कमाने को कहा, जैसे कि 'मधुमक्खी फूलों को कोई नुकसान पहुँचाए बगैर उनमें से शहद निकालती है। उन्होंने कहा—'एक गृहस्थ के पास बड़े परिश्रम से, वैध तरीके से, पसीना बहाकर कमाया हुआ धन होना चाहिए।'

उन्होंने कहा कि धन कमाने के लिए आलस्य नहीं करना चाहिए और सर्दी-गरमी, धूप-छाँव आदि की परवाह न कर अपने परिवार के भरण-पोषण के लिए धन कमाना चाहिए, लेकिन अनैतिक तरीकों से, नाजायज ढंग से नहीं। ऐसे धंधों से जो शील-सदाचार की बजाय कुटिल और दुराचार में सहायक होते हैं, जैसे शराब और नशीले पदार्थों का व्यापार, बीड़ी-सिगरेट, तंबाकू, पान-मसाला, गुटखा, हथियारों की खरीद-फरोख्त, जहरीले पदार्थ और माँस का व्यापार नहीं करना चाहिए। आजीविका जायज तरीकों से और अहिंसक ढंग से ही कमानी चाहिए।

नैतिक मूल्यों के विकास के प्रति सचेत रहना चाहिए और लालच को काबू में रखना चाहिए। काम-भोगों में लिप्त नहीं रहना चाहिए। अपनी इच्छाओं को काबू में रखने का प्रयास करते रहना चाहिए।

गौतम बुद्ध अपने अनुयायियों को उपदेश देते हुए अकसर कहा करते थे कि हर इनसान को वृक्षारोपण अवश्य करना चाहिए, वन और वन्य जीवों की रक्षा करनी चाहिए क्योंकि इस धरती और प्राकृतिक संसाधनों पर जीव-जंतुओं का भी उतना ही अधिकार है, जितना कि एक इनसान का है।

विज्ञान की वह विधा, जिससे हमें जीव एवं वातावरण के परस्पर संबंधों का बोध होता है, पारिस्थितिकी कहलाती है, किसी जीव के बाहर विद्यमान सबकुछ, जो उसे प्रभावित करता या कर सकता है, सम्मिलित रूप में वह वातावरण कहलाता है। एक वातावरण, जीव के भीतर भी पाया जाता है, जिसे अंत: वातावरण कहते हैं। आधुनिक युग में 'इकोलॉजी' शब्द का सबसे पहले 1868 ई. में प्रयोग करने का श्रेय रेटर महोदय को दिया जाता है, जबकि इकोलॉजी को विज्ञान की एक भिन्न विधा के रूप में जर्मन प्राणि-विज्ञान के विद्वान अर्स्ट हैकल ने 1966 ई. में प्रतिष्ठापित किया था। बाद में इकोलॉजी (पारिस्थितिकी) को (1) समुदाय पारिस्थितिकी तथा (2) पारिस्थितिकी तंत्र विज्ञान, दो वर्गों में विभाजित किया गया।

किसी स्थान विशेष की पारिस्थितिकी जानने के लिए वहाँ पर पाए जानेवाले विभिन्न जैविक एवं अजैविक घटकों को जानना आवश्यक है, क्योंकि उस स्थान पर विद्यमान उपर्युक्त घटकों के विभिन्न तत्त्वों का आपसी संबंध, एक तंत्र का निर्माण करता है, जिसे उस स्थान का पारिस्थितिकी तंत्र (इकोलॉजिकल सिस्टम या इकोसिस्टम) कहा जाता है। सही अर्थों में यही तंत्र हमें उस स्थान विशेष की भौगोलिक स्थिति, विकास एवं संस्कृति आदि की जानकारी देता है।

किसी स्थान पर पाए जानेवाले अजैविक तत्त्व—जल, मृदा, विभिन्न प्रकार की गैसें एवं अकार्बनिक तत्व हैं, जिन्हें उस स्थान के स्वपोषी जैविक घटक ग्रहण कर भोजन निर्माण करते हैं। इनका उपयोग जैविक

तत्त्वों की अन्य श्रेणियाँ शृंखलाबद्ध रूप से करती हैं और अंतत: वातावरण से लिये गए उपर्युक्त अजैविक तत्त्व यथा जल, गैस, अकार्बनिक घटक फिर वहीं छोड़ दिए जाते हैं। जहाँ से उन्हें ग्रहण किया गया था। यह क्रम अनवरत चलता रहता है, जीव-विकास, भौगोलिक स्थिति और कालांतर में संस्कृतियों का विकास इसी पारिस्थितिकी तंत्र (इकोसिस्टम) की देन है। पारिस्थितिकी तंत्र के स्वपोषी जैविक घटक किसी स्थान विशेष पर निम्न से उच्च श्रेणी (हरे पौधों) की ओर बढ़ते-बढ़ते अंतत: उच्चतम श्रेणी में परिवर्तित हो जाते हैं।

प्रत्येक बदलाव के साथ, जैविक श्रेणी के अन्य घटक भी बदलते रहते हैं। इस प्रकार विभिन्न स्थानों पर विभिन्न पौधों के कारण भिन्न-भिन्न तरह की खाद्य संस्कृतिवाले अनेकानेक जीवों का विकास होता है। इस पारिस्थितिकी तंत्र को गतिमान करने के लिए आवश्यक ऊर्जा सूर्य द्वारा प्राप्त होती है; जिससे हरे पौधे, जीवों के खाने योग्य यौगिकों यथा वसा, कार्बोहाइड्रेट प्रोटीन में बदलते हैं और जैविक घटकों की अंतिम श्रेणी, जो अपघटित (डिकंपोजर) कहलाती है, में बदलकर पुन: वातावरण में छोड़ देती है। यही क्रिया पुन: चक्रमण (रिसाइकिलिंग) कहलाती है। जीव की उत्पत्ति, विकास एवं ह्रास, इसी तरह अनवरत चलते रहते हैं और जीव निम्न से उच्चता की ओर बढ़ता चला जाता है।

यूँ तो मनुष्य का जन्म बहुत पुराना है, पर वातावरण की समझ से, उसको अपने अस्तित्व की रक्षा के साथ जोड़कर मित्रतापूर्ण संबंध स्थापित कर सहकारिता के सिद्धांत की समझ बहुत पुरानी नहीं है। जब-जब और जहाँ मनुष्य एवं वातावरण में विभिन्न स्तरों पर संबंध दूषित हुए, दोनों को इसकी कीमत चुकानी पड़ी, सभ्यताएँ बनीं, पलीं, बढ़ीं और अंत में काल के गाल में समा गईं।

कहा जा सकता है कि किसी भी देशकाल का परिवेश, तात्कालिक व्यक्तियों, व्यक्तियों के जीवन-दर्शन एवं उनसे सहमत समुदाय का दर्पण

है। कोई कार्य, कार्य रूप में परिणित बाद में होता है, पहले इसका नियोजन (प्लानिंग) किया जाता है। किसी स्थान, समय, कार्य विशेष पर सोचे गए नियोजन, वस्तुतः व्यक्ति, व्यक्तियों के जीवन दर्शन का प्रतिबिंब हैं। पारिस्थितिकी से इसका विशेष संबंध है। इस परिप्रेक्ष्य में इकोलॉजी को तात्कालिक व्यक्ति या व्यक्तियों के जीवन-दर्शन पर भी घटित कर सकते हैं। भगवान् गौतम बुद्ध के विचार समसामयिक पारिस्थितिकी का किस प्रकार निरूपण करते हैं, यह विचारणीय है।

अहिंसा बौद्ध धर्म का आधार स्तंभ है। किसी को हानि न पहुँचाने का तात्पर्य उसे जान से मार देना ही नहीं है, बल्कि सही अर्थों में अपनी संपूर्ण सार्थकता के साथ 'जिओ और जीने दो' का सिद्धांत है, जिसका, मन, वचन व कर्म से पालन किया जाना चाहिए। सामाजिक इकोलॉजी का यह सिद्धांत विश्व ब्रह्मांड में किसी भी व्यक्ति या घटक की अस्मिता को अक्षुण्ण रखने का मूल मंत्र होता है और साथ ही उनके जीवन की गारंटी भी है। इसे विश्व-स्तर पर यों सोचा जा सकता है कि समस्त व्यक्तियों एवं जंतुओं की भाँति वनस्पतियाँ, पेड़-पौधे भी जीवधारी हैं। अतः अहिंसा की परिधि में वे सभी सम्मिलित हैं।

प्राचीनकाल में जहाँ कहीं भी इस श्रेणी के जीवधारियों की बड़े पैमाने पर हिंसा हुई, वहाँ-वहाँ का इतिहास गवाह है कि वहाँ पर धरती बंध्या हो गई, बादलों ने पानी देना बंद कर दिया, चिड़ियों, पशु-पक्षियों के कलरव सुनने को नहीं मिले और सभ्यताएँ समाप्त हो गईं। विशाल विश्व से प्राप्त प्रमाणों को यदि आधार माना जाए तो अरब भू-भाग, अफ्रीका एवं अमेरिका के रेगिस्तान, थार मरुस्थल, साइबेरियाई भू-भाग सबके सब बंध्या हो गए। मनुष्य को जीवन देनेवाली वनस्पतियों का अस्तित्व भी समाप्त हो गया और ये स्थान मनुष्य क्या, किसी भी जीवधारी के निवास योग्य नहीं रह गए।

आज के परिप्रेक्ष्य में भी जहाँ हिंसा का तांडव जारी है, वहाँ सुख-

शांति नहीं है और रहना असंभव होता जा रहा है। मनुष्यों, जंतुओं और पशु-पक्षियों का पलायन जारी है। चीन में माओ के शासनकाल में उपज को अधिक चिड़ियाँ न खा जाएँ, इसलिए उन्हें मारने का अभियान प्रारंभ हुआ। परिणामस्वरूप बाद के वर्षों में वहाँ कीट समस्या ने इतना विकराल रूप धारण कर लिया कि उन्हें दुबारा पक्षी पालने का अभियान चलाना पड़ा।

भगवान् बुद्ध का अहिंसा का उपदेश उनके जीवनकाल में शायद उतना सार्थक न रहा हो, लेकिन आज इसकी सार्थकता पहले से अधिक है और यदि विश्व ने शीघ ही इस मूल मंत्र की शरण नहीं ली, तो हिंसा तथा इससे उपजा विनाश, इस विश्व को ही एक बड़ा रेगिस्तान बना देगा। तब हमें प्राणवायु (ऑक्सीजन) कहाँ से मिलेगी, हम क्या खाकर जीवित रहेंगे, पानी कहाँ से आएगा? ताप से कैसे रक्षा होगी, आदि। अस्तु ज्वलंत और अंतहीन समस्याओं पर हमें विचार करना आवश्यक है।

बुद्ध का 'दूसरों पर दया करो' (करुणा) सिद्धांत 'इकोलॉजी का' 'जियो और जीने दो' को ही नहीं, बल्कि इसके आगे 'जीने में मदद भी करो' को परिभाषित करता है। यह दयाभाव ही है, जिसके कारण महाद्वीपों की, कभी के शत्रु-मित्रों एवं ग्रहों-उपग्रहों के बीच की दूरी घटती है। सामीप्य, प्रेम-भाव को जन्म देता है और यही आपसी प्रेम, एक दूसरे को लाभ पहुँचाने में सहायक होता है, सहज स्वरूप जीने में सहायता देता है, जिसे सहकारिता कहा जाता है। इसी सहकारिता पर समस्त विश्व के क्रिया-कलाप निर्भर हैं। पौधों का पालन एवं उनका संरक्षण दया-भाव से ही होता है और इस दया के बदले में, वे ऑक्सीजन जैसी प्राण वायु का निष्क्रमण करते हैं, जिस पर मनुष्य समेत सभी जीवधारी निर्भर रहते हैं। वस्तुत: बौद्धिक इकोलॉजी का यह जीवंत प्रमाण है।

जहाँ हम किसी व्यक्ति-जीवधारी के जीवित रहने की गारंटी देते

हैं, वहीं उसके भरण-पोषण का दायित्व भी हम पर स्वतः आ जाता है। यह पोषकत्व बुद्ध का दान भाव ही है, जिसे बौद्ध भाषा में 'दान पारमिता' कहा जाता है। बिना कुछ पाने की लालसा या निःस्वार्थ भाव से किया गया पोषण ही दान है। दान विभिन्न परिप्रेक्ष्यों में विभिन्न स्तरों का हो सकता है। आज के परिप्रेक्ष्य में जिसके पास जो कुछ देने योग्य है, वही देकर, व्यक्ति बौद्धिक इकोलॉजी के इस सिद्धांत में आस्था व्यक्त कर, अपने परिवेश को उच्च एवं उच्चतर बना सकता है। भौतिक संपदाओं का दान तो शाश्वत है। इसको न अपनानेवाला व्यक्ति उच्च मानव के महानिर्माण की प्रक्रिया से अपने को स्वतः ही अलग कर लेता है। प्रकृति में निरीह समझे जानेवाली वनस्पति (पेड़-पैधे) और जैविक जगत् के अन्यान्य घटक यदि अपनी दान प्रवृत्ति छोड़ दें, तो संपूर्ण विश्व कुछ ही पलों में नष्ट हो सकता है। ऑक्सीजन, पौधों में प्रकाश संश्लेषण क्रिया का उत्पाद नहीं है, बल्कि उपजात है। यदि वे यह उपजात पदार्थ निःस्वार्थ भाव से जन्तुओं को न दें तो क्या हम ऑक्सीजनविहीन विश्व में कुछ मिनटों तक भी जीवित रह सकेंगे?

मनुष्य के जीवन के संपूर्ण दुःखों का कारण उसकी तृष्णा (तण्हा) है। यह तृष्णा उन्हें येन-केन प्रकारेण प्राप्त करने की तथा अपने लिए और मात्र अपने लिए संग्रह करने की प्रवृत्ति की ओर आकर्षित करती है। इस तृष्णा का निरोध ही मुक्ति या मोक्ष है (तण्ह खयो विरागो निब्बानो)। भगवान् बुद्ध ने इस तृष्णा का शमन करने के लिए 'अष्टांगिक मार्ग' (अट्गिंको मग्गो) का प्रतिपादन किया है। इस मार्ग के आठ अंग इस प्रकार हैं—सम्यक् दृष्टि (सम्मादिट्ठि), सम्यक् संकल्प (सम्मा संकप्पों), सम्यक् वचन (सम्मावाचा), सम्यक् कर्म (सम्मा कम्मो), सम्यक् आजीव (सम्मा आजीवो), सम्यक् व्यायाम (सम्मा वायामो), सम्यक् स्मृति (सम्मासति) और सम्यक् समाधि (सम्मासमाधि) अष्टांगिक मार्ग का एक-एक निर्देश, वस्तुतः प्रकृति पर आधारित

जीवन-दर्शन है, जिसे बुद्ध ने बहुत पहले स्पष्ट रूप से मानव मात्र के लिए खोज निकाला था।

इस विश्व में सम्यक् दृष्टि (सम्मादिट्ठि) का तात्पर्य सभी को समान दृष्टि से देखना और एक समान मानना है। निर्विवाद यह सत्य आज उजागर है कि इस संपूर्ण जगत् का प्रत्येक कण एक जैसी रचना वाला है। उसमें कोई भेद-भाव नहीं है।

संक्षेप में चल-अचल संपूर्ण घटक इस महान् ब्रह्मांड की अनुकृति है। जो हम हैं, वही विश्व है। फिर इसमें और विश्व के अन्यान्यों में अंतर कैसा? इस सम्यक् दृष्टि को प्राप्त व्यक्ति मोक्ष की ओर अग्रसर होता है, जिसे भगवान् बुद्ध ने निर्वाण (निब्बान) कहा है।

सभी के लिए एक जैसी अवधारणा सम्यक् दृष्टि का अगला सोपान है। सम्यक् दृष्टिविहीन व्यक्ति, सम्यक् अवधारणा एवं सम्यक् वचन (सम्मा वाचा) वाला नहीं हो सकता। अच्छा संगी सभी को प्रिय लगता है। वह इसीलिए कि वह संगीत सम्यक् दृष्टिवाला है। ऊर्जा की भी एक समान आवृत्ति के कारण सबके प्रति समभाव है। आज पशुओं एवं फसलों को अच्छा संगीत सुनाकर अविश्वसनीय उत्पादन प्राप्त किया जा रहा है। भारत, चीन, ताइवान आदि देशों में किए गए प्रयोग और उनसे प्राप्त आँकड़े इसके गवाह हैं।

सम्यक् कर्म (सम्मा कम्मंतो) तभी संभव है, जब व्यक्ति स्वयं को, स्वयं (अलग या भिन्न) न मानकर, विश्व ब्रह्मांड का एक घटक समझे। शरीर के एक अंग का कार्य, क्या शरीर के विभिन्न अंगों के लिए न होकर, केवल अपने लिए ही होता है। कर्मों से मोक्ष के लिए उद्धृत व्यक्ति ही सम्यक् कर्मी हो सकता है। सम्यक् कर्मी व्यक्ति अपने जीवन-यापन के लिए कभी भी बुरे रास्ते नहीं अपना सकता। अपनी आजीविका के लिए दूसरों का अहित नहीं कर सकता है। सम्यक् व्यायाम (सम्मा वायामो) के आधार पर वह सदैव कल्याणकारी कार्यों को करता है और

सम्यक् स्मृति (सम्मासति) के आधार पर वह यह सोचता रहता है कि यदि उससे कहीं कोई अहितकर कार्य हो गया हो तो भविष्य में उसकी पुनरावृत्ति न होने पाए। जीवनपर्यंत वह निरंतर सजग और जागरूक रहता है। सम्यक् आजीविका (सम्मा आजीवो) में संलग्न समाज में, कहीं चोरी, लूट-खसोट एवं अन्य दुराचरण नहीं होता। इस प्रकार इकोलॉजी के मूलभूत सिद्धांत, जो सदियों बाद प्रतिस्थापित हुए, वस्तुत: बौद्ध इकोलॉजी के ही मूलभूत सिद्धांत थे।

बुद्ध द्वारा उपदेशित अष्टांग मार्ग सही अर्थों में आधुनिक पारिस्थितिकी विज्ञान के मूलभूत सिद्धांत ही थे, जिन्हें गौतम बुद्ध ने आज से 2550 वर्षों से भी पहले उद्घाटित करके पारिस्थितिकी विज्ञान की नींव रख दी थी। आधुनिक इकोलॉजी के सिद्धांत तो बौद्ध इकोलॉजी के बहुत बाद में खोजे गए।

बुद्ध स्वयं जीती-जागती इकोलॉजी थे। उनका जन्म कपिलवस्तु के राज प्रासाद में नहीं, अपितु लुंबिनी के जंगल में एक वृक्ष के नीचे हुआ था। उनका लालन-पालन विमाता प्रजापति गौतमी ने किया। बचपन से ही 'असहाय की सहायता करो' का पाठ उनके जीवन से सीखने को मिलता है। घायल 'हंस' को बचाना और उसके अपने सुहृद देवदत्त को यह कहकर देने से इनकार कर देना कि 'मारनेवाले से बचाने वाले का अधिकार अधिक होता है।' यह आज की ग्लोबल इकोलॉजी के परिप्रेक्ष्य में कितना समीचीन है। अल्पायु में ही वैराग्य एवं निरंजना नदी के किनारे पीपल वृक्ष के नीचे उन्हें संबोधि ज्ञान या बुद्धत्व प्राप्त हुआ। पहला धर्मोपदेश (धम्म चक्क प्रवर्तन) भी इन्होंने मृग-पशुओं से परिपूर्ण मृगदाव वन (ऋषि पत्तन, मृगदाव, सारनाथ) में दिया। उनका महापरिनिर्वाण (महापरिनिब्बान भी कुशीनगर के शालवन में हुआ)। पीपल वृक्ष के चमत्कारिक प्रभाव को तो विज्ञान आज बता रहा है, पर इस तथ्य की खोज बुद्ध ने ढाई हजार साल पहले ही कर ली थी। आज

अमेरिका, भारत के इस चौबीस घंटे ऑक्सीजन उत्पाद करनेवाले पीपल वृक्ष को पेटेंट की आड़ में हड़पना चाहता है।

बुद्ध का संपूर्ण जीवन एवं दर्शन तो प्रकृति और प्राणिमात्र के बीच आदर्श तालमेल का उत्कृष्ट उदाहरण है। आज विश्व के हर क्षेत्र में कुंठा है, अशांति है, जिसका एकमात्र विकल्प बौद्धिक इकोलॉजी का अनुसरण ही है।

स्वस्थ पारिस्थितिकी के विषय में बुद्ध द्वारा उपदिष्ट दो गाथाएँ उद्धरणीय हैं।

"ये केचि पाण भूतत्थि तसा वा थावरा वा अनवसेसा
दीघा वा ये महन्ता वा मज्झिमा रस्सका अणुकथूला
दिट्ठा वा ये वा अदिट्ठा ये च दूरे वसन्ति अविदूरे
भूता वा सम्भवेसी वा सब्बे सत्ता भवन्तु सुखितत्ता।"

इसमें बुद्ध ने कहा है कि स्थावर या जंगम, दीर्घ या महान्, मध्यम या छोटू, सूक्ष्म या स्थूल, आँखों से दिखाई पड़नेवाले या आँखों से दिखाई न पड़नेवाले, जो दूर हैं या निकट, जो जन्म ले चुके हैं या जन्म लेंगे, वे सभी प्राणी सुखी हों।

इस स्थिति के लिए, सभी प्राणियों की रक्षा के लिए अपने में उस प्रकार की करुणा पैदा करो, जैसी कि एक माँ अपने इकलौते पुत्र की रक्षा के लिए। अपना सबकुछ न्यौछावर करके करती है।

"माता यया नियं पुत्तं आयुसा एक पुत्त मनुरक्खे
एवम्पि सब्ब भूतेसु मानसं भावये अपरिमाणं।"

विश्व के अधिकांश क्षेत्रों में फैला हुआ बौद्ध धर्म इस तथ्य का ज्वलंत उदाहरण है कि बौद्धिक इकोलॉजी सामयिक, समीचीन और सार्वभौमिक, जिसमें समता, सदाशयता, करुणा, दया सर्वकल्याण-दृष्टि, सर्वसंरक्षण एवं कर्मवाद का अद्भुत सामंजस्य है। यदि इसे अपनाया जाए तो वातावरणीय प्रदूषण और उससे उत्पन्न विषमता, खिन्नता, द्वेषभाव,

लालच, अकर्मण्यता, लूट-खसोट और अन्यान्य वातावरणीय, सामाजिक और मानसिक विकार स्वत: समाप्त हो जाएँगे।

बुद्ध ने इन्हीं जीवन मूल्यों के आधार पर ऐसे समाज के निर्माण का प्रयास किया था, जिसमें सभी प्राणी सुखी हों, सभी क्षमावान हों, सभी का कल्याण हो और कोई कभी दुखी न हो।

"सब्बे सत्ता सुखी होन्तु
सब्बे होन्तु च खेमिनो
सब्बे भद्राणि पस्सन्तु
मा कंचि दुख मा गमा"

□

गौतम बुद्ध की अहिंसा नीति और पर्यावरण की संरक्षा

चारों ओर का आवरण रूप फैलाव वस्तुतः पर्यावरण कहलाता है। बौद्ध दृष्टि के अनुसार मनुष्य को अपने चारों ओर जो दिख रहा है, वह आवरण रूप क्षणिक है, यथार्थ रूप नहीं। मनुष्य का जीवन दुःख रूप है, दुःखों से छुटकारा मिलने पर निर्वाण की प्राप्ति हो जाती है। इस प्रकार बौद्धशास्त्तानुसार दुःख की निवृत्ति रूप प्रकृति भाव ही निर्वाण है। इसलिए प्रकृति की जितनी चिंता बौद्ध दर्शन में निहित है, अन्यत्र नहीं। चाहे वह आभ्यंतर प्रकृति रूप हो या बाह्य प्रकृति रूप में।

प्रारंभिक बौद्ध दर्शन में दुःख की स्थिति को दूर करना एक मूल समस्या थी, यह बात स्पष्ट है कि कारण की स्थितियों को पूर्णरूप से निश्चित किया जा सकता है और उनसे जिस श्रृंखला की उत्पत्ति होती है, उसका अंत भी अवश्यंभावी है ? क्योंकि प्राकृतिक नियमानुसार दुःख का कोई-न-कोई कारण होता है, इसलिए उसके कारण को समाप्त करके दुःख का अंत किया जा सकता है। अज्ञान, लोभ-लालच, भोग-विलास, रोग-द्वेष, जो दुःख के कारण हैं, उन सबका मूल कारण तृष्णा है, उस पर नियंत्रण करके मनुष्य अपने को सुखी बना सकता है।

बौद्ध दर्शन के अनुसार प्रत्येक वस्तु, चाहे वह मानवीय प्रकृति हो या पर्यावरण, कार्य-करण नियम के अनुसार प्रतिबद्ध है। 'अस्मिन सति

इदं भवति' से यह सिद्ध होता है कि अविद्या के होने पर संस्कार होते हैं और संस्कार के पश्चात् कर्मों का संचय होता है, जिसके कारण इस विचित्र संसार की उत्पत्ति होती है। मार्क्सवाद के अनुसार कार्य-कारण नियम एक-दूसरे के स्थान को लेते रहते हैं, जो एक स्थान पर कार्य है, वह दूसरे स्थान पर कारण बन जाता है और जो कारण है, वह कार्य बन जाता है। प्रकृति में एक निश्चित व्यवस्था है, जो कार्य-कारण के सिद्धांत पर निर्भर है। फायरबाख का यह कथन है कि प्रकृति में बाह्य नियम काम करता है और लगभग वही मनुष्य के मन में संचालित होता है। एंगेल्स ने स्पष्ट रूप से फायरबाख के कथन को स्वीकार करते हुए 'प्रकृति के नियम' तथा प्रकृति की अनिवार्यताओं पर प्रकाश डाला। समस्त भौतिक संसार में प्रकृतिगत नियम हैं, जो परिस्थितियाँ के अनुसार लागू होते रहते हैं। यदि हम प्रकृति के सामान्य नियमों की ओर देखें तो ये बड़ी-से-बड़ी वस्तु से लेकर मनुष्य तक पर लागू होते हैं।

बौद्ध दर्शन की नश्वरता का सिद्धांत या क्षणिकता का सिद्धांत प्रकृति पर सीधा असर डालता है, जिसके अनुसार सांसारिक मार्ग सृजन तथा विनाश का एक लगातार चलता हुआ चक्र है; लेकिन यह भी सत्य प्रतीत होता है कि मानव गुणों से यह चक्र प्रभावित होता है, क्योंकि पहले मनुष्य, स्वयं अपने गुणों के बल पर प्रकाशमान था, परंतु जैसे-जैसे इसके अंदर तृष्णा या लालच आता गया, वह अपना तेज खोता गया। इस प्रक्रिया ने वातावरण को भी प्रभावित किया। पहले संपूर्ण धरती अपने अंदर आश्चर्यजनक प्राकृतिक संपदा समेटे हुए थी, लेकिन मनुष्य के अंदर बैठी हुई तृष्णा ने अमूल्य प्राकृतिक धरोहर का दोहन शुरू किया तो उसका आकार बदलता गया, जिसका वातावरण पर बहुत बड़ा असर पड़ा और वह धरती प्रायः अपनी सुगंध-सी खोने लगी। कहने का तात्पर्य यह है कि मनुष्य के अंदर जैसे ही लालच की भावना आती गई, उसका सोचने, समझने तथा देखने का दृष्टिकोण बदलता गया, जिसका वातावरण पर बहुत असर पड़ा।

भगवान् बुद्ध ने अहिंसा पर अत्यधिक जोर दिया, क्योंकि इसका संबंध पर्यावरण की रक्षा से है। बड़े पैमाने पर अपने आवास के लिए काटे गए वन, पशु-वध, पशुओं के रहने के स्थान का विनाश, ये ऐसे कारण थे, जिससे प्रकृति तथा मनुष्य के संबंध निरंतर बिगड़ते रहे। बुद्ध ने स्पष्ट शब्दों में कहा, "सब जीवों से प्रेम करो, ताकि तुमसे किसी की हत्या न हो, उनके अहिंसा का मूलाधार प्रेम है। बौद्ध साहित्य के अनुसार मनुष्य तथा प्रकृति को सामंजस्य में रहना चाहिए, जिन्होंने स्वयं अपना बहुत-सा समय जंगलों में व्यतीत किया, उनके सोच तथा रहन-सहन को उस वातावरण ने बहुत हद तक प्रभावित किया। बुद्ध जानते थे कि मानव इच्छा सर्वशक्तिमान नहीं है, जो मानव जीवन में हर समय विद्यमान है, फिर भी मनुष्य अपनी इच्छा द्वारा कुछ सीमा तक उस वातावरण में परिवर्तन ला सकता है। प्रतित्यसमुत्पाद के आधार पर चेतना और जड़ पदार्थों में सहअस्तित्व बना रहता है, यहाँ तक माना जाता है कि रूप की उत्पत्ति में आहार और ऋतुएँ कारक हैं, मनुष्य के कर्म और चित्त भी कारक हैं।"

जैसा कि यह देखा गया है कि समकालीन पर्यावरणविदों ने भौतिक वातावरण को भी एक महत्त्वपूर्ण वातावरण समझा, जिसके अंतर्गत उन्होंने सामाजिक, आर्थिक, सांस्कृतिक तथा पारस्परिक एक-दूसरे को प्रभावित करनेवाले कारकों को रखा। तथागत के समय वर्षाकाल में यातायात अधिक दुष्कर हो जाता था। विनय पिटक में कहा गया है, "पहले शाक्यपुत्रीय भिक्षुओं को वर्षा में भी विचरण करते देखकर लोग हैरान होते थे कि जब अन्य तीर्थिक एक जगह रहते हैं और चिड़ियाँ वृक्षों के ऊपर घोंसले बनाकर रहती हैं तो शास्य-पुत्रीय श्रमण कैसे हरे तृणों को रौंदते हुए एकेंद्रिय जीवों को पीड़ित करते हुए तथा छोटे-छोटे जंतुओं को मारते हुए विचरते हैं। जो भूमि पर पेड़-पौधे अंकुरित होते हैं, पैरों से कुचल जाने के कारण उनका जीवन नष्ट हो जाता है।

यह देखकर तथागत ने अपने अनुयायियों के लिए वर्षावास का

विधान किया। विनय पिटक में प्राकृतिक संसाधनों के विषय में भगवान् बुद्ध ने कुछ नियम बनाए, जिसमें एक पराजिक से संबंधित था।

पराजिक—जो भिक्षु ग्राम अथवा जंगल में चोरी समझी जानेवाली वस्तु का ग्रहण करे, उसे अपराजिक का दोष होता है।

भगवान् बुद्ध ने उपोसथ करने के लिए भिक्षुओं का एक निश्चित निवास बताया, "गाँव न होने पर भिक्षुओं के जंगल के चारों ओर जो सप्त आकाश हैं, वहीं वहाँ एक उपोसथवाले एक निवास स्थान की सीमा है, भिक्षुओ! सभी नदियाँ असीम हैं, सभी समुद्र या स्वाभाविक सरोवर में मझोले (कद के) पुरुष के चारों ओर जो पानी का घिराव होता है, वहाँ एक उपोसथवाले निवास स्थान की सीमा है।"

इसी प्रकार तथागत ने बताया कि भिक्षुओं के द्वारा पेड़ काटने और वृक्ष पर चढ़ने पर उन्हें दुष्कर का दोष लगता है। विनय पिटक के भैषज्य स्कंध से पता चलता है कि भिक्षुओं के बीमार पड़ने पर पेड़ों से दवाइयाँ भी बनाते थे।

बुद्ध ने कहा कि जंगलों से हमें न सिर्फ फल-फूल प्राप्त होते हैं, बल्कि वह हमारे रहने के लिए छत भी प्रदान करते हैं। पेतवत्थु में कहा गया है कि "आप जिस पेड़ के नीचे सोते हैं या आराम करते हैं तो उसकी डाली मत तोड़िए, अगर तोड़ते हैं तो आप उसके साथ विश्वासघात करते हैं।" प्रकृति का विनाश मानव अपने हित में करता जा रहा है। बौद्ध चिंतन यह कहता है कि जो कुछ प्रकृति का दोहन मानव अपने हित में करता है तो वह अगर एक पेड़ काटता है तो दूसरा पेड़ लगवाने की क्षमता रखे, अर्थात् वृक्ष को नष्ट न करे। बौद्ध दर्शन हमें पेड़-पौधों के प्रति प्रेम करना तथा प्राणियों के प्रति और जानवरों के प्रति उदार दृष्टिकोण रखना सिखाता है। दूसरों के प्रति दया भी खुशी का मूल आधार है। प्रतिमोक्ष पालि विनयपिटक में कहा गया है, "यदि कोई भिक्षु पेड़-पौधों के प्रति संवेदनशील नहीं रहता तो वह भी एक तरह का अधर्म है।"

वातावरण का भारतीय संश्लेषण मनुष्य को तथा उसके व्यवहार को केंद्रबिंदु मानता है, यह सत्य भी है; क्योंकि वातावरण में होनेवाली प्रक्रियाओं को इनसे अलग हटकर नहीं देखा जा सकता। बौद्ध विचारधारा के दो मूलभूत सिद्धांत हैं। अनित्य और दु:ख, जो कि संपूर्ण चिंतन की आधारशिला हैं। अनित्य या क्षणभंगवाद के सिद्धांत के अनुसार कुछ भी स्थायी नहीं है, यह भौतिक तथा अभौतिक तत्त्वों के लिए लागू होती है। प्रकृति भी निरंतर परिवर्तनशील है। सांख्ययोग-दर्शन के अनुसार प्रकृति सदैव परिवर्तित होती रहती है। प्रकृति का विकास इसके तीन गुणों से होता है। ये गुण निरंतर स्वत: परिवर्तित होते रहते हैं। भूगर्भ विज्ञान हमें यह बताता है कि कैसे शक्तिशाली पर्वत शृंखलाएँ तथा गहरे समुद्र समयानुसार परिवर्तित हो जाते हैं। "खगोलशास्त्र भी यह बताता है कि एक समय इस पृथ्वी का कोई अस्तित्व नहीं था, लेकिन समय के अनुसार यह अन्य वस्तुओं के साथ समायोजित होती गई।"

बौद्ध साहित्य के अनुसार मनुष्य तथा प्रकृति को सामंजस्य में रहना चाहिए। बुद्ध, जिन्होंने स्वयं अपना बहुत-सा समय जंगलों में व्यतीत किया, उनके सोच तथा रहन-सहन को उस वातावरण ने बहुत हद तक प्रभावित किया।

भगवान् बुद्ध के जीवन से संबंधित तीन घटनाएँ भी प्रकृति के अंदर दिए हुए रहस्य को दरशाती हैं—

1. प्रथम ज्ञान, बोधि वृक्ष के नीचे प्राप्त होना,
2. प्रथम उपदेश भी सारनाथ मृगदाय में प्राकृतिक वातावरण में देना,
3. उनका परिनिर्वाण भी बोधिवृक्ष के नीचे कुशीनगर में होना।

बुद्ध ने मनुष्य के जीवन निर्माण में पंचशील का महत्त्वपूर्ण स्थान बताया। पंचशील मनुष्य के अंदर धार्मिक प्रवृत्तियों का समावेश करके शांतिमय वातावरण का निर्माण करते हैं। कार्ल मार्क्स के अनुसार,

"मानव जीवन में प्रकृति का ज्ञान एक महत्त्वपूर्ण साधन है, ज्ञान एक ऐसा माध्यम है, जिसके द्वारा वह बहुत-सी बातों को अपने नियंत्रण में कर लेता है। यह काम उस समय आरंभ हो जाता है, जब उत्पादन का क्रम मनुष्य अपने हाथ में ले लेता है, "जब वह प्राकृतिक शक्तियों को अपनी योजनाओं के अनुसार मोड़ने का प्रयत्न करता है" और इस प्रकार, "वह अपने उद्देश्य की प्राप्ति कर लेता है। इसलिए तथागत ने आर्य अष्टांगिक मार्ग की स्थापना की, जिस पर चलकर मनुष्य प्रकृति के साथ सामंजस्य स्थापित कर सके और उसमें जीवों के प्रति करुणा की भावना का समावेश हो सके।"

उपर्युक्त वर्णन से स्पष्ट है कि संपूर्ण बौद्ध वाङ्मय ने पर्यावरण की चिंता की है, इसीलिए पर्यावरण के अंगभूत, नदियों, वृक्षों व प्राणियों की चिंता बौद्ध ग्रंथों का केंद्रीय विषय रही है।

आधुनिक युग में पर्यावरण की समस्या अतीव जटिल हो गई, क्योंकि पर्यावरण के प्रदूषित होने के कारण संसार के सभी प्राणियों का जीवन विपदापन्न हो गया है। 'पर्यावरण' शब्द 'परि' उपसर्ग पूर्वक 'वृ' आवरण तथा 'ल्यूट्' प्रत्यय के योग से निष्पन्न है, जिसका अर्थ है—परिस्थिति, परिवेश, वातावरण। जो वस्तु या पदार्थ सभी जीवों या जंतुओं को चारों ओर से आवृत्त करता है, उसे ही पर्यावरण कहते हैं। मनुष्यों एवं अन्य जीवों अर्थात् बातजीवी, तृणजीवी, जलजीवी, वृक्षजीवी को जो वस्तु पदार्थ परिवृत्त करता है, उसे ही पर्यावरण कहते हैं। परिस्थिति विज्ञानियों की अवधारणा है कि परिस्थिति या पर्यावरण की परिशुद्धता के होने पर ही चराचर जगत् एवं अभ्युदय संभव है, अन्यथा समस्त प्राणियों का विध्वंसन अपरिहार्य है।

मानव और पर्यावरण परस्पराश्रयी एवं अन्योन्याश्रयी हैं। वे एक-दूसरे का संरक्षण और विध्वंसन कर सकते हैं। यदि दोनों के बीच मैत्री, सद्भाव और संबंध है तो दोनों के विकास और संवर्धन की अप्रतिम

संभावना सन्निहित है, किंतु यदि दोनों के बीच सौमनस्यपूर्ण संबंध नहीं है, दोनों के बीच सुमनस्कता नहीं है, सपलभाव विद्यमान है तो दोनों एक-दूसरे से प्रभावित होते हैं। भगवान् बुद्ध की अवधारणा के अनुसार यदि मनुष्य की शारीरिक, वाचिक एवं मानसिक क्रियाएँ विप्रसन्न होती हैं तो वह सुखात्मक एवं सौमनस्यपूर्ण जीवन व्यतीत कर सकता है और यदि उसकी शारीरिक, वाचिक एवं मानसिक क्रियाएँ अनैतिक होती हैं तो मानव-समाज में प्रत्युहों, विघ्नों, तनावों का वातावरण अनुस्यूत हो जाता है और परिवेश या पर्यावरण भी प्रभावित हो जाता है।

सृष्टि के प्रारंभ से मानव प्रकृति के सुरम्य उत्संग में रहता आया है। वृक्षों एवं ललित-लतिकाओं से घिरे वनों, हिमाच्छादित पर्वतों, समुद्रों, नदों, नदियों, तृणाच्छादित भू-भागों, पुष्पोद्यानों से मानव का जीवन सर्वदा प्रहर्षित और सम्मुल्लसित होता रहा है। आज के मानवों में विचारों की शुभता एवं उत्कृष्टता का सर्वथा अभाव हो गया है, यही कारण है कि प्राकृतिक एवं नैसर्गिक परिवेश प्रदूषित हो गया है। यदि आज भी मानव प्रकृति के सौंदर्यप्रवण वस्तुओं के साथ रागात्मक संबंध आत्मोपमता के साथ बनाए तो उसका जीवन विप्रसन्न हो सकता है।

अद्यतन काल में पर्यावरण सर्वथा महत्त्वपूर्ण एवं प्रासंगिक विषय बन गया है। औद्योगिकीकरण के कारण पाश्चातय एवं पौरस्त्य देश आज पर्यावरण-प्रदूषण की जटिल समस्या से जूझ रहे हैं और इसके लिए पूर्णतः कृतोद्योग ही उन्मुख हो रहे हैं कि पर्यावरण कैसे पर्यवदात और विप्रसन्न हो सके। औद्योगिकीकरण के कारण न केवल प्राकृतिक परिवेश ही प्रभावित हुआ है, अपितु मानव जीवन भी प्रभावित हो विपण्णता का अनुभव कर रहा है।

पर्यावरण (वातावरण या परिवेश) न केवल प्राकृतिक पर्यावरण या वातावरण से अभिसंबद्ध है, अपितु सामाजिक पर्यावरण से भी संबद्ध है। अतः पर्यावरण को दो भागों में विभक्त किया जा सकता है—

1. प्राकृतिक पर्यावरण तथा 2. सामाजिक पर्यावरण। मानव निकाय न केवल सामाजिक पर्यावरण के लिए उत्तरदायी है, अपितु प्राकृतिक पर्यावरण के लिए भी उत्तरदायी है। मानव निकाय स्वयं प्रकृति का अविभाज्य अंग है। प्रकृति के साथ समरसता बनाए रखने के लिए मनुष्य को प्रयत्न करना चाहिए और पर्यवदान अतिजीविता के लिए संघर्ष करना चाहिए।

यदि मानव समाज भगवान् बुद्ध के उपदेशों और धर्म देशनाओं का अनुगमन करे तो वह पवित्र, होकर सौमनस्यपूर्ण जीवन व्यतीत कर सकता है। वह स्वतंत्रता और समता का उपभोग कर सकता है, क्योंकि बौद्ध धर्म में मानव-मानव में कोई विभेदक दृष्टि नहीं है।

सामाजिक पर्यावरण का प्रदूषण वर्णभेद तथा जाति भेद के कारण ही दृष्टिगत होता है। भगवान् बुद्ध ने वर्णभेद और जातिभेदरहित समाज के निर्माण के लिए धर्मदेशना दी थी। भगवान् बुद्ध ने कहा है कि कोई जन्म से वृषल या जन्म से ब्राह्मण नहीं होता है। कर्म से ही कोई वृषल या ब्राह्मण होता है। न कोई जटा रखने से, न वंश से, न जन्म से ब्राह्मण होता है, अपितु जिसमें सत्याचरण, शोभनकर्म विद्यमान है, वही ब्राह्मण है।

भगवान् बुद्ध सर्वदा सौंदर्यपुलकित प्रकृति के अभिरम्य प्रदेश में रहना चाहते थे। उनका जन्म लुंबिनी के सुरम्य प्रदेश में हुआ था, जहाँ लताओं और वृक्षों की हरीतिमा उल्लसित थी। अंबलद्विका, अंबपाली के आम्रवन, जेतवन, पर्वतों के सौंदर्य से परिवृत्त राजगृह का सुरम्य भू-भाग उनका सर्वदा निवास बना रहा और उनका महापरिनिर्वाण भी कुशीनारा के दो पुषित शाल वृक्षों के मध्य हुआ। उपर्युक्त तथ्यों से यह अभिप्रमाणित होता है कि प्रकृति के अभिरम्य प्रदेशों, रमणीय भू-भागों, पर्वतप्रांतों से उनकी विशेष रागानुरक्ति थी। प्रकृति की गोद में जनमे, पले भगवान् बुद्ध का सहज साहचर्य आजीवन प्रकृति से रहा। अत: प्रकृति के भव्य पदार्थों से उनका विशेष अनुराग रहा।

भगवान् बुद्ध के समय पर्यावरण अर्थात् प्राकृतिक पर्यावरण की कोई समस्या नहीं थी। इसका मूल कारण यह है कि उस समय प्रकृति के भू-भागों को प्रदूषित करने की दुवृर्त्तियाँ मनुष्यों के हृदय में नहीं थीं। आज पवित्र नदियाँ—गंगा, यमुना आदि विशिष्ट नदियाँ प्रणालिकाओं के दुर्गंधपूर्ण जल से प्रदूषित हो गई हैं। आज जितने पर्वत हैं और उन पर उगे जितने रमणीय वृक्ष हैं, उनका संकर्तन हो रहा है। अतः पर्यावरण सर्वथा प्रदूषित हो गया है और उसका निराकरण अपरिहार्य हो गया है। जिनसे मानव समाज प्राणवंत है, उन्हीं पर्वतों, नदियों, वन प्रांतों के उच्छेदन से समान समाज के विघटन की आशंका है।

प्रदूषण की समस्या की ओर भगवान् बुद्ध की अवधारणा अतीव उदार और अनुकंपा से संवलित थी। अनेक वैनयिक नियमों का प्रज्ञापन पर भगवान् बुद्ध ने अपने भिक्षुओं की हरित तृणों, घासों तथा जीवनदायी जल को थूक, खखार, मल-मूत्र से प्रदूषित करने से वर्जित किया था। भगवान् बुद्ध के समय प्रदूषण के ये सामान्य उपादान थे। भगवान् बुद्ध के समय प्रदूषण के ये सामान्य उपादान थे। भगवान् बुद्ध ने अनुज्ञा भिक्षुओं को प्रदान की थी कि कूड़ों-कचरों को यत्र-तत्र विकीर्ण न कर एक सुनिश्चित स्थान में छोड़ना चाहिए-'संकारं विचिनत्वा एकमन्तें छड्डेतब्ब।' चुल्लवग्ग के 'परसाववच्च मालावच्छरोपन दारुभेंडादिकथा' में भगवान् बुद्ध ने आराम में यत्र-तत्र मल-मूत्र के उत्सर्जन का निषेध किया है। यत्र-तत्र मलोत्सर्जन से आराम दूषित और दुर्गंधपूर्ण होता था। यह जानकार भगवान् बुद्ध ने एक ओर मलोत्सर्जन की अनुज्ञा प्रदान की 'अनुजानामि, भिवखवे, एकमन्तं वच्चं कातुं ति।' वच्चकूप को बनाने तथा उससे दुर्गंध न फैले, इसलिए उसे ढकने (अपिधान) की भी अनुज्ञा भगवान् बुद्ध ने प्रदान की थी।

भगवान् बुद्ध ने महार्घवृक्ष को काटने मात्र पर पाराजिक नामक अपराध से आपन्न होने का नियम बनाया था—'महग्धखक्खे छिन्नमत्ते

पाराजिक।' इससे सिद्ध होता है वृक्षादि का तथा वनस्पतियों का छेदन भगवान् बुद्ध को अभीष्ट नहीं था, क्योंकि वनों और वनवृक्षों से पर्यावरण पूर्णत: परिशुद्ध और पर्यवदान रहता है और समाज को वन प्रभूत संपदाएँ भी अधिगत होती हैं। वृक्षकर्त्तन के परिवर्जन के विपरीत भगवान् बुद्ध ने वृक्षारोपण की प्रशंसा करते हुए कहा है कि उद्यानों में तथा वनों में वृक्ष लगानेवाले, नदियों पर पुल बनानेवाले यात्रियों के उपाश्रय (धर्मशाला), बनानेवाले, प्रपान बनाकर जल पिलाने की व्यवस्था करनेवाले तथा कुआँ खुदवाने से (उदपानं) पुरुषों के पुण्य अहिर्निश बढ़ते हैं।

आरामरोपा वनरोपा ये जना सेतुकारका।
पपं च उदमानं च ये ददन्ति उपस्सयं॥
तेसं दिवा च रत्तो च सदा पुञ्ञं पवड्ढति॥

'तलाकमरियांद मा छिंदी' वाक्य से पता चलता है कि भगवान् बुद्ध, तड़ाग के तट को काटने से मना किया है, क्योंकि सस्यादि का संपोषण तड़ाग के जल से होता है। तड़ाग केवल को प्रदूषित करने से पेयजल का सर्वथा अभाव हो जाता था। जल ही जीवन है, इस लोकोक्ति को ध्यानपथ में रखकर भगवान् बुद्ध ने जल की शुद्धता को सर्वथा बनाए रखने का उपदेश किया है। उदपानों, तड़ागों तथा कूपों के जल को परिशुद्ध रखने की अनुज्ञा बुद्ध ने सर्वत्र प्रदान की है। कूपों, तड़ागों तथा नदियाँ जल के स्रोत के रूप में सामान्य जनजीवन तथा वैयक्तिक जीवन के उपयोग के लिए अपरिहार्य थे। सामाञ्ञजफलसुत्त में पर्वत की चोटी (पब्बतसंखेप) पर स्वच्छ, विप्रसन्न एवं निर्मल जलाशय का वर्णन प्राप्त होता है। जलाशय (रहदो) के जल की निर्मलता के कारण उसमें वर्तमान सीप, घोंघा (सम्बुक) तथा चलती-फिरती मछलियों को देखता है और देखकर चक्षुष्मान् पुरुष प्रसन्न होता है और चित्त को समाहित करता है। हद की निर्मलता की प्रशंसा भगवान् बुद्ध ने की है—

यथापित रहदो गंभीरो विप्पसन्नो अनाविलो।
एवं धम्मानि सुत्तवान विप्पसीदन्ति पण्डिता॥

घास पशुओं का आहार है। अतः हरी घास की स्वच्छता के लिए भी भगवान् बुद्ध ने वैनयिक नियमों का प्रज्ञापन किया था। अतः मनुष्यों का पुनीत कर्तव्य है कि पशुओं के आहार 'घास' को प्रदूषण से बचाए। कूटदंत सूत्र में यह वर्णित है कि कूटदंत, जो भौतिक यज्ञ करता था? उसमें यज्ञयूप के निर्माण के लिए वृक्ष काटे जाते थे, किंतु भगवान् बुद्ध ने जिस आध्यात्मिक यज्ञ का निरूपण किया, उसमें वृक्षों की कटाई नहीं होती थी—"न रूकखा छिज्जिंसु यूपत्थाय, दब्भ लूयिंसु वरिहिसथाय।"

ध्वनि प्रदूषण

ध्वनि प्रदूषण से आज मानव-समाज पूर्णतः संत्रस्त है और यह एक पर्यावरणीय समस्या के रूप में विद्यमान है। इसके कारण श्रवणरंध्र विदीर्ण हो जाते हैं और बहरापन होता है। मानसिक तनाव, चिड़चिड़ापन तथा मानसिक विषण्णता घनीभूत होती है। भगवान् बुद्ध उच्चाशय के प्रतिमान थे और कोलाहल के विरुद्ध थे। भगवान् के भिक्षुसंघ की परिषद् जहाँ होती थी, वहाँ कोई कोलाहल, रव-आरव या निर्घोष नहीं होता था। उनकी भिक्षु परिषद् पूर्णतः प्रशाद्यंत होती थी। जीवक कौमार भृत्य के साथ भगवान् बुद्ध के दर्शन के लिए जाते हुए अजातशत्रु को घोर आश्चर्य हुआ कि साढ़े बारह सौ भिक्षुओं के वृहत् संघ के एक साथ रहने भी किसी चीज के गिरने की ध्वनि तक नहीं हो रही है। न खाँसने-थूकने तक कोई शब्द सुनाई दे रहा है—'कथं हि नाम ताव महतो भिक्षुसंघस्स अड्दतेलसानं भिक्षुसतानं नेव खिपितसद्दोभविस्सति न उक्कासितसद्दो ननिग्घोसो ति।' अजातशत्रु ने निर्मल जलाशय की भाँति सर्वथा निःशब्द (तूष्णीभूत तुण्हीभूत) शांतभिक्षुसंघ को देखकर यह प्रीतिमय हृदयोद्गार अपने मुख से कहा—मेरा राजकुमार भी एवं विध शांति से समन्वित हो, जिस शांति से भिक्षुसंघ समन्वित है। एक बार भगवान् बुद्ध भिक्षुओं के एक संघ को कोलाहलपूर्ण वातावरण उत्पन्न करने के कारण विहार छोड़ देने की अनुज्ञा प्रदान की थी।

भगवान् बुद्ध और उनका भिक्षुसंघ निःशब्द वातावरण के आकांक्षी थे, क्योंकि ध्यानपरायणता के लिए निःशब्द वातावरण ही उपयुक्त है। नीरवता में शांतिमयता होती है और मानसिक एकांतता का वातावरण सर्वथा प्रशस्त होता है। इसीलिए भगवान् बुद्ध ने भिक्षुओं को एकांत एवं अभिरम्य वनप्रांत में रहकर ध्यान करने की अनुज्ञा प्रदान की थी। जनाकीर्ण प्रदेश या भूमि-भाग को भगवान् बुद्ध ध्यान के लिए अनुपयुक्त मानते थे।

भगवान् बुद्ध वचन-व्यापार की मृदुता तथा शलक्षणता के पक्षधर थे। उचित समय पर बोलना, सत्य बोलना, नम्रता के साथ बोलना, उपयोगी और लाभप्रद वचन बोलना ही, उन्हें प्रिय था। संतों ने सुभाषित को ही श्रेष्ठ वचन कहा है—'सुभासितमुत्तममाहु सन्तो।' भगवान् बुद्ध ने कहा है कि साधक को वही वाणी बोलनी चाहिए, जिसे बोलने के पश्चात् पश्चात्ताप न करना पड़े तथा उससे दूसरों को कोई कष्ट भी न हो—ऐसी वाणी को ही सुभाषित करते हैं। प्रियवचन ही बोलना चाहिए, जो सुननेवाले को मधुर लगे तथा जो प्रसन्नतादायक हो। जो अपनी वाणी से दूसरों के दोष नहीं निकालता, वही प्रिय वक्ता कहलाता है। सत्य भाषण ही सर्वोत्तम है। यह सनातन धर्म है, क्योंकि सत्य भाषण को ही संतों ने उत्तम कहा है।

इस प्रकार भगवान् बुद्ध 'मधुंगिरं' के समर्थक एवं प्रशंसक थे, किंतु आजकल ध्वनि-विस्तारक यंत्रों के द्वारा तथा यानों एवं विविध यानों के कर्कश ध्वनि-विस्फोट के कारण समस्त वातावरण पर्याकुल है। यदि इस ध्वनि प्रदूषण का निराकरण नहीं किया गया तो मानव समाज विनाश के तट पर खड़ा हो जाएगा।

वायु प्रदूषण

वायु ही जीवन है। श्वास-प्रश्वास तथा निःश्वास की गति का संचालन वायु से ही होता है। स्वच्छ वायु तथा सुरभित वायु, जहाँ स्वच्छ और मनोरम

वातावरण की उद्भावक है, वहीं दुर्गंधपूर्ण हवा से मन विषण्ण एवं खिन्न हो जाता है। भगवान् बुद्ध खुली हवा के पक्षधर थे। अपने महाभिनिष्क्रमण के पश्चात् वे उरूवेला पहुँचे। निरंजना नदी के सुरम्य तट को देखकर वे विप्रसन्न हुए (नज्जा नेरंजरायतीरे समागतों सिद्धत्थे विप्पसन्नो जातो)। इस निरंजना नदी के तट को उन्होंने समाधिभाव्रना के लिए सर्वथा उपयुक्त समझा। इस भूमि-भाग की प्रशंसा करते हुए कहा—यह भूमि-भाग अतीव रमणीय है। वन प्रदेश का यह भूभाग प्रसन्नता का उद्भावक है। नदी का तट समुज्ज्वल और मनोरम है। स्वच्छ जल की धारा कलकल शब्द के साथ प्रवाहित है। यह प्रदेश ग्रामों से आवृत्त है। भोजन भी सुलभ है। यह भूमि-भाग उनके लिए मनोरम है, जो अपने चित्त को समाहित और एकाग्र करना चाहते हैं—'रमणीयो वत भी भूमि-भागों, सामंता च गोचरगामो-कुलपत्तस्स पधानत्थिकस्स पधानायाय, ति।' भगवान् बुद्ध ने छह वर्षों तक अश्वत्थ (पीपल वृक्ष के नीचे आसन लगाकर) कठोर तपस्या की ओर संबोधि का अधिगम किया। आगे चलकर यह बोधिवृक्ष के नाम से प्रख्यात हुआ। भगवान् बुद्ध ने अपने भिक्षुओं को घने वृक्ष की छाया में ही ध्यानपरायण होने की आज्ञा प्रदान की थी।

भगवान् बुद्ध विभिन्न जंगलों और जंगलों के भूमि-भागों, पर्वतों, सुरम्य नदियों के तटों तथा तड़ागों के समीप ठहरते रहे। इससे यह उद्भासित होता है कि उन्हें प्रकृति के उत्संग में रहना ही अभीष्ट था। वे समाज में कल्याणकारी धर्मदेशना के लिए ही जाने जाते थे। वे सर्वदा एकांत, शांत और प्रकृति के सौंदर्य से अनुप्राणित प्रदेश में ही रहे। वे ग्राम में भोजन ग्रहण के पश्चात् ध्यान और समाधिभावना के लिए सुरम्य अरण्य प्रदेश में ही चले जाते थे। गिज्झकूट पर्वत पर उन्होंने अनेक धर्मदेशनाएँ दी हैं, जिससे यह पता चलता है कि सुरम्य पर्वतों का दृश्य उन्हें विशेष अभीष्ट था। कालुदायि नाम भिक्षु प्रफुल्ल एवं पुष्पाभरणों से समलंकृत वृक्षों की सुंदरता का वर्णन औपभसंदर्शन के साथ करता

है—भन्ते! अंगारों के समान पुष्पों से समलंकृत ये वृक्ष अतीव मनोरम लगते हैं। इन वृक्षों ने फलों की पर्येषणा में पत्रों का परित्याग कर दिया है। ये वृक्ष दीपशिखा के समान चमत्कृत हैं—

अंगारिनो दानि दुमा भदन्ते, फलेसिनो छदनं विप्हाय।
ते अचिचमन्तो व पभासयन्ति, समयो महावीर भागी रसानं।
दुमानि फुल्लानि मनोरमनि॥

तालपुटत्थेर के हृदयोद्गार भी अप्रतिम और मनभावन हैं, जिनमें वह कहता है कि वह समय कब आएगा। वर्षाकाल में मेघ बरसेगा और नवीन जलधारा से मेरा चीवर वन में अभ्यन्तिज होगा और मैं ऋषियों के मार्ग पर पुरस्कृत होऊँगा। कब मैं मयूरों की मधुर ध्वनि कूजित एवं अनुगुंजित वन में उनके मधुर शब्दों को सुनकर गिरिगह्वर से उठकर निर्वाण के प्रति के लिए चिंतन करूँगा—

कदानु मं पावुसकालमेघो नवेन तोयेन सचीवरं वने।
इसयियातम्हि पथेवजन्तं ओवस्सतंनुदका भविस्सति।
कदामयूरस्स सिखंडिनो वने, दिजस्स सुत्वा गिरगष्मरे रूतं।
पच्चुद्महित्वा अमतस्स पत्तिया, संचिंतये तं नु कदा भविससति।

भिक्षु तालपुट मयूरों तथा क्रौंचों के मलकूजन से ध्वंति एवं गुंजायमान व्याघ्रों से पुरस्पृत वन में रहना तथा ध्यानपरायण होना विशेष रुचिकर प्रतीत होता है—

मयूरकोंवाभिरु कानने, दीपीहि व्यग्घेहि पुरक्खतो वसं।

सुनीलग्रीवा, सुंदरशिखा, सुंदर आँख, सुचित्रित एवं रंग-बिरंगे डैनों से सुशोभित विहंगमों के समुंजुघोष से निनादित वन में ध्यान करते हुए, मुझे कब आनंद मिलेगा, यह मधुर उद्गार तालपुटाथेर के हैं, जिससे उसकी प्रकृतिप्रियता की संप्रतीति होती है—

सुनीलग्रीवा सुसिरवा सुपेखुना, समन्जुघोषत्थनिताभिगाज्जिनी।
सुचित्तपत्छदनाविहंगमा, तेतं रमेस्सन्तिवनम्हिझायिनं॥

जहाँ वेगवती नदियों की धारा अजस वेग से बहती है, जहाँ नदियों की धारा कुसुमों से आकुल रहती है, विचित्र वनों के अवतंसकों से सुशोभित होती है, वहाँ भिक्षुओं को ध्यान करने में अप्रतिम आनंद की प्राप्ति होती है—उससे अधिक आनंद और कहीं नहीं है—

यदानदीनं कुसुमाकुलानं विचित्र वानेय्य वंटसकानि।
तीरे निसिन्नो सुमनों व झायति ततो रति परमतरंन विन्दति।

इस प्रकार यह परिलक्षित होता है कि भगवान् बुद्ध और उनके अनुयायी भिक्षुओं को प्रकृति का सुंदर पर्यावरण अतीव अभिरम्य प्रतीत होता था और वे वहीं ध्यानपरायण हो निवास करते थे।

उपर्युक्त संदर्भों से यह अभिज्ञात होता है कि बौद्ध धर्म पर्यावरण के प्रति पूर्णतः अवहित था। बौद्ध वाङ्मय में यत्र-तत्र उपदिष्ट वचनों से पृथ्वी, जल, वायु, ध्वनि आदि पर्यावरण संबंधी तत्त्वों की परिशुद्धता के लिए उपदेश प्राप्त होते हैं। धार्मिक चेतना के बिना पर्यावरण का संवर्धन और संरक्षण संभव नहीं है, अतः धार्मिक चेतना के लिए बौद्ध धर्म के तत्त्वों एवं सिद्धांतों का अवगाहन उपयोगी एवं कल्याणकारी है।

पर्यावरण प्रदूषण के कारकों में जनसंख्या की अभिवृद्धि, नगरीकरण, औद्योगिकीकरण एवं उपभोक्तावाद का विशेष योगदान है। बौद्ध इन प्रदूषणकारक तत्त्वों के निराकरण के लिए सुंदर मार्ग प्रशस्त करता है। 'कामेसुमिच्छा चारा वेरमणी' के सिद्धांत के द्वारा जनसंख्या के विस्फोट को रोका जा सकता है और साथ ही भगवान् बुद्ध की जीवनचर्यायों से नगरीकरण एवं औद्योगीकरण की समस्या का भी समाधान संभव है। साधु-जीवन के द्वारा उपभोक्तावाद को नियंत्रित किया जा सकता है, जिससे उपभोक्तावादी विषम संस्कृति अपनीत हो सकती है और प्राकृतिक और सामाजिक पर्यावरण विप्रसन्न और प्रासंगिक हो सकता है।

प्रकृतिद्रोहएवाऽपिपाश्चात्यानां मतां बहु।
प्रकृतिप्रेमदृष्टिस्तुभारतीया विशेषता॥

भगवान् बुद्ध अहिंसात्मक आंदोलन के प्रवर्तक हैं। इन्होंने व्यक्ति, समाज और धर्म के क्षेत्र में व्याप्त हिंसा का एक साथ विरोध किया। अहिंसा का तत्त्व ज्ञान और उसका प्रयोग बौद्ध धर्म की विशेषता है। भगवान् बुद्ध ने अपने सामाजिक और धार्मिक आंदोलनों से इसे ऐसा महत्त्व प्रदान किया, जिससे इसके अनुरूप तत्त्व ज्ञान और आचार का विकास हुआ, दूसरी ओर हिंसा समर्थ यज्ञ आदि विविध कर्मकांडों का विरोध भी खड़ा हुआ। बौद्ध धर्म अहिंसा समर्थ धर्म की अहिंसा से सूक्ष्मतर है। बौद्ध धर्म के अनुसार अपनी प्राण-रक्षा के लिए भी किसी प्राणी का वध करना उचित नहीं है। बौद्ध धर्म के अनुसार मानव अपने को ही नहीं औरों को भी हिंसा से विरक्त करे। भगवान् बुद्ध का कहना है कि यज्ञा में पशु हिंसा की योजना कुछ स्वार्थी ब्राह्मणों ने अपनी भूख शांत करने के लिए चलाई थी। यज्ञ के नाम पर की गई पशु-हिंसा प्रशंसनीय नहीं है और इस हिंसा से भी पाप होता है। यह धर्म नहीं अधर्म है। यज्ञ में किसी पशु की बलि दी जाती है तो परिणामस्वरूप बलि देनेवाले को असंख्य योनियों में अपना सिर कटवाना पड़ता है।

सभी प्राणी दंड एवं मृत्यु से डरते हैं। सबको जीवन प्रिय है। सभी सुख चाहते हैं। ऐसी दशा में अपने सुख की इच्छा से किसी दूसरे प्राणी की हिंसा करना उचित नहीं है। सभी प्राणियों को अपने समान मानकर न किसी को मारें और न किसी को मरवाएँ।

भगवान् बुद्ध ने काम, क्रोध, हिंसा संबंधी भावों को मन से निकालने की शिक्षा दी है। उनका कहना है कि ये सर्वनाश कर देते हैं, ये हलाहल विष, विषैले साँप तथा आग की भाँति भयानक हैं। इनसे डरो। इनके पैदा होते ही इन्हें उखाड़ फेंको। अहिंसा के स्थूल संकेतों का उद्गम व्यावहारिक घात-प्रतिघातों के बीच संभव है, किंतु इतने मात्र से इसे प्रतिष्ठा और मान्यता नहीं मिल सकती। प्रतिष्ठा के लिए कोई सूक्ष्म और गंभीर आधार चाहिए, जो मनुष्य में महत्त्वपूर्ण स्थान बना सके। ऐसे उनके

मानसिक गुण ही हो सकते हैं। वास्तव में व्यवहार का बाह्य पक्ष किसी भी कर्म के अच्छा या बुरा होने का निर्णायक नहीं हो सकता। कर्म की भूल उसकी चेतना है। उस प्रेरक चेतना के विश्लेषण के आधार पर ही नैतिक दृष्टि से सदाचार और अनाचार का निर्णय लिया जा सकता है। इसी दृष्टि से भगवान् बुद्ध ने चेतना को ही कर्म की संज्ञा दी है—

चेतनाहं भिक्खवें, कम्म वदानि।
चेतयित्वकम्मं करोति कायेन वाचाचि मनसा।

एक बार नालंदा में बुद्ध के समक्ष दीर्घ तपस्वी नाम के एक जैननिगंठ साधु ने अपने शास्ता महावीर का सिद्धांत कायदंड, वाग्दंड और मनोदंड बताया तो भगवान् बुद्ध ने अपना सिद्धांत कायकम्म, वचीकम्म और मनोकम्म कहा। उसमें भी भगवान् में कार्य और वाक्कम्मोक को आनुषंगिक बताया और एक मात्र मनन कर्म को ही महत्त्व दिया। भगवान् बुद्ध का कहना है कि सभी मनुष्य चित्तगत क्लेशों से दु:खी हैं और उनके मिटाने से ही दु:ख मिटेंगे। यदि चित्त सुरक्षित नहीं रहा तो काय, वाक्, मन, कर्म सभी असुरक्षित हो जाएँगे। भगवान् बुद्ध ने कर्म की सत्ता को स्वीकार किया है।

अहं तपम्मि, तिणं कम्मानं मनोकम्मं महासावज्जतरे पञ्ञयेमि।

हिंसा का मुख्य कारण रागादिक भाग है। उसके दूर हो जाने पर स्वभावत: अहिंसा भाव जाग्रत् हो जाता है। समस्त प्राणियों के प्रति संयम भाव ही अहिंसा है। जगत् का हर प्राणी अधिकाधिक सुख प्राप्ति के साधन जुटाता है। उसे मरने की आकांक्षा नहीं हो तो 'व्यक्ति, समाज, राष्ट्र एवं विश्व' के अभ्युत्थान के लिए यह आवश्यक है कि वह परस्पर एकात्मक कल्याण मार्ग से आबद्ध रहे, उसमें सौहार्द, आत्मोत्थान, स्थायी शांति, सुख और समृद्धि के पवित्र साधनों का उपयोग होता रहे। यही यथार्थ में सर्वमंगल है।

धम्मो मंगलमुक्किट्ठं अहिंसा संजमो तवो।
देववितं नमंसंति जस्स धम्म सया मगो।

भगवान् बुद्ध ने सुत्तनिपात में प्राणिमात्र के प्रति प्रेम करने के उपदेश दिए हैं। करुणा अहिंसा भावना का केंद्रबिंदु है, उनके बिना अहिंसा जीवित नहीं रह सकती। समस्त प्राणियों पर अनुग्रह करना इसकी मूल भावना है। ज्ञान से शून्यहीन व्यक्ति पर, विविध सांसारिक दु:खों से पीड़ित व्यक्तियों पर, स्वयं के जीवन याचक जीव-जंतुओं पर, अपराधियों पर, अनाथ बाल, वृद्ध, सेवक आदि पर तथा दु:ख-पीड़ित व्यक्तियों पर, प्राणियों पर प्रतीकात्मक बुद्धि से उसके उद्धार की भावना ही कारुण्य भावना है। भगवान् बुद्ध ने सामान्यत: अहिंसा को ही धर्म स्वीकार किया है।

अहिंसा, मैत्री, करुणा, सहानुभूति एवं सहिष्णुता का बौद्ध शील में मूर्धन्य स्थान है। शतपथ ब्राह्मण को सबका मित्र तथा अहिंसक कहा गया है। बौद्ध अहिंसा न केवल पशु हिंसा अथवा पीड़न की वर्जना है, अपितु शांति मैत्री एवं सहानुभूति की भावना है। दूसरे से घोर-क्लेश पाने पर भी अप्रतिकारल एवं सहिष्णुता के आदर्श की मज्झिमनिकाय के 'ककचूपमोवाद' में प्रसिद्ध अभिव्यक्ति उपलब्ध होती है। मैत्री की भावना का अनेक सूत्रों में गुणगान प्राप्त होता है। इस प्रसंग में चार ब्रह्मविहारों का साधन विशेष रूप से उल्लेखनीय है। मैत्री भावना प्रथम ब्रह्मविहार है। किसी व्यक्ति की आत्मीयता का स्मरण करने से मैत्री भाव उत्पन्न होता है, वह सुखी रहे, दु:ख न पाए, उसका कल्याण हो, इस प्रकार की इच्छा में साकार होता है, पर दु:ख के स्मरण से करुणा का भाव उत्पन्न होता है, सुख के स्मरण से मुद्रिता का एवं सर्वस्त्र कार्य कारण नियम के अव्याहत व्यापार के स्मरण से उपेक्षा के भाव का उदय होता है। पहले तीनों भाव सहानुभूति के विभिन्न रूप हैं और ध्यान के द्वारा उनकी वृद्धि ही पहले तीन ब्रह्मविहार हैं। चौथे ब्रह्मविहार में दार्शनिक उदासीनता अथवा मध्यस्थता का अभ्यास किया जाता है।

बौद्ध धर्म के प्रवर्तक भगवान् बुद्ध ने शारीरिक और मानसिक कार्यों पर यथेष्ट बल दिया है। भगवान् बुद्ध के कठोर तपोमय जीवन से यह

प्रमाणित भी हो जाता है। अहिंसा के सिद्धांत के प्रकार पर जोर देने के मामले में बौद्ध धर्म अपने समकालीन धर्म जैन धर्म के मामले में उदार था। यद्यपि बौद्ध धर्म जीव हत्या से परहेज करता है, परंतु उन्होंने अपने अनुयायियों को मांस खाने से कभी नहीं रोका, लेकिन शर्त यह थी कि उस मांस को किसी गैर-बौद्ध कसाई ने काटा हो। फिर भी भगवान् बुद्ध ने पशुओं पर हत्या नहीं करने पर जोर दिया है, यह तर्कसंगत है। एक बौद्ध ग्रंथ में कहा गया है कि पशुओं की रक्षा करनी चाहिए, क्योंकि वे 'माता-पिता और संबंधी की भाँति हमारे मित्र हैं' और कृषि उन पर निर्भर है। दीर्घनिकाय में भगवान् बुद्ध ने राजा महाविजित की कहानी का जिक्र किया है, जिनको उनके पुरोहित ने सलाह दी थी कि वे किसानों को बीज तथा जो राज्य की सेवा करना चाहते हों, उन्हें पशु और यथोचित औजार दें।

अहिंसा का आधार कुशल हेतु है। अहिंसा में अकुशल के भाव का कोई स्थान नहीं रहता है। मानव का चित्त संचल है बौद्ध दर्शन में—'फन्दन चपप्ल चित्तं' कहकर चित्त की व्याख्या की गई है। इसकी गति इतनी तीव्र रहती है कि क्षण मात्र में कार्य करने का निर्णय ले लेता है। जब इस चित्त का आधार कुशल हेतु होगा, अर्थात् कुशल हेतु से लिप्त रहेगा तो निश्चित रूप से इसके कर्म भी कुशल चित्त के होंगे, ऐसे चित्त के कारण ही व्यक्ति अहिंसात्मक कर्म करता है।

अहिंसा विश्व के सभी धर्मों एवं संस्कृति में पल्लवित है। भारतीय संस्कृति का मूल स्वरूप अहिंसा बौद्ध धर्म का केंद्र बिंदु है। भगवान् बुद्ध के अनुसार यज्ञ में अहिंसा करनेवाले आर्य नहीं हैं। जो पुरुष किसी भी प्राणी की हिंसा नहीं करता है, वही आर्य है। किसी पर आक्रमण नहीं करना अहिंसा है, इसके लिए भगवान् बुद्ध ने पंचशील के सिद्धांत का प्रतिपादन किया था—

1. पाणतिपाता वेरमणी सिक्खापंद समादियामि।
2. अदिन्नादाना वेरमणी सिक्कखापदं समादियामि।

3. अब्रह्मचरिया वेरमणी सिक्खापदं समादियामि।
4. मुसावदा वेरमणी सिक्खापदं समादियामि।
5. सुरा मेरय मज्जं पमादट्ठाना वेरमणी सिक्खापदं समादियामि।

    भगवान् बुद्ध ने संसार से युद्ध की विभीषिका को सदा के लिए समाप्त करने के लिए अहिंसारूपी अस्त्र प्रदान किए। यदि हम विश्व का कल्याण चाहते हैं तो हमें भगवान् बुद्ध द्वारा बताए गए मार्ग पर चलकर युद्ध का बहिष्कार करना होगा और अहिंसा को गले लगाना होगा। भगवान् बुद्ध अहिंसा के सूत्रधार हैं। उन्होंने अपने प्राणघातक कर्मों को भी क्षमा दान दिया। आज विश्व को आवश्यकता है भगवान् बुद्ध के बतलाए अहिंसा के मार्ग पर चलकर विश्व में शांति का साम्राज्य स्थापित करने की।

☐

बौद्ध चिंतन में जीव जगत्

सब्बे सत्ता सुखी होन्तु—सभी प्राणी सुखी हों।

भगवान् बुद्ध ने जीव और जगत् के प्रति अत्यंत व्यावहारिक दृष्टिकोण अपनाया। उनके सिद्धांत एवं उपदेशों में जैव नीतिशास्त्र की स्पष्ट झलक परिलक्षित होती है। उन्होंने जीवन और जगत् को स्वीकार किया तथा इस समस्या में अपने को नहीं डाला कि मनुष्य अमर है या नश्वर, ससीम है या असीम, जीव और शरीर एक हैं या अलग, अर्हत्त मृत्यु के बाद बना रहता है अथवा उसके साथ विनष्ट हो जाता है। वस्तुत: उनका धर्म था मोक्ष के मार्ग का निर्देशन करना। उनके धर्म का लक्ष्य था मनुष्य को सांसारिक वेदना और कष्ट से मुक्त करना। वे ऐसे आध्यात्मिक ज्ञान का आलोक उत्पन्न करना चाहते थे, जिससे स्पृहा या वासना का विनाश हो। वे सार्वभौम उत्थान में विश्वास रखते थे, इसलिए समस्त मानव को सत्य के निकट लाना चाहते थे। शील और आचार के वे समर्थक थे तथा यह मानते थे कि इनके बिना मनुष्य का जीवन युक्तियुक्त नहीं है। त्याग और संयम के जीवन की वे सराहना करते थे। निवृत्ति और ब्रह्मचर्य के अनुपालन की वे देशना देते थे। अच्छे-बुरे की पहचान से कार्यशील होना तथा नीर-क्षीर-विवेकी होना, वे मानव का सबसे बड़ा धर्म मानते थे। क्या ठीक है, क्या ठीक नहीं है।···इसका विचार करना तथा अपने किसी कार्य से दूसरों को पीड़ा पहुँचाना अथवा पीड़ा न पहुँचाना, इस

पर विचार करना; उन्होंने मनुष्य के लिए अनिवार्य बताया। जिस कर्म से सब सुखी हैं, वही कर्म ठीक है तथा जिस कर्म से अपने को और दूसरों को दुःख और आघात पहुँचता है, वह कर्म ठीक नहीं है। इसके लिए मनुष्य में 'प्रत्यवेक्षा' अथवा 'स्वयं देखभाल की प्रवृत्ति होनी चाहिए। इसलिए कहा गया है कि काम और लोभ, द्वेष और हिंसा, चंचलता और उच्छृखंलता, अकर्मण्यता और आलस्य आदि वृत्तियाँ मनुष्य को दुर्बल और निष्क्रिय बनाती हैं। ऐसी विपरीत वृत्तियों का शमन अपेक्षित है, जो प्रज्ञा अथवा विपश्यना; शील, समाधि, वीर्य तथा दृढ़ संकल्प से ही संभव है। मनुष्य के गोत्र, वंश, कुल, परिवार, धन-संपत्ति से वृत्तियों का शमन नहीं किया जा सकता।

प्रज्ञा की अभिव्यक्ति ही मनुष्य की वृद्धि और विवेक शक्ति है, जिससे वह अच्छे-बुरे को पहचानता है तथा सत्कर्म की ओर प्रवृत्त होता है। समाधि का संबंध मनुष्य की ध्यानावस्था से है, जिसके माध्यम से मनुष्य मन को संतुलित कर एकाग्रता को प्राप्त करता है। पंचशील के सिद्धांत के माध्यम से भगवान् बुद्ध ने समस्त प्राणियों के कल्याण एवं संतुलन का मार्ग प्रशस्त किया है। पंचशील के सिद्धांतों के माध्यम से भगवान् बुद्ध ने प्राणी हिंसा, चोरी, व्यभिचार, झूठ तथा मादक पदार्थों के प्रयोग जैसी बुरी आदतों को छोड़कर तथा उससे विरत रहकर मानव सद्भाव, जैवकीय संतुलन तथा सामाजिक आदर्श का संदेश देकर तद्नुरूप समस्त प्राणियों को जीवन-पथ पर अग्रसर होने का मार्ग प्रशस्त किया।

भगवान् बुद्ध द्वारा प्रतिपादित चार आर्यसत्य के सिद्धांत भी बौद्ध चिंतन में जैव नीतिशास्त्र की अवधारणा पर प्रचुर प्रकाश डालते हैं। ये चार आर्य सत्य हैं—दुःख, दुःख का कारण, दुःख निरोध और दुःख निरोध की ओर जानेवाला मार्ग। इन चार आर्य सत्यों में बुद्ध देशना के चिंतन का दिग्दर्शन होता है। दुःख के संबंध में भगवान् बुद्ध स्वयं कहते

हैं—'जन्म भी दु:ख है, जरा भी दु:ख है, व्याधि भी दु:ख है, मरण भी दु:ख है, अप्रिय मिलन भी दु:ख है, प्रिय वियोग भी दु:ख है। इच्छित वस्तु का न मिलना भी दु:ख है। इस प्रकार की सत्ता सर्वव्यापक है और तथागत ने दु:ख को सभी कष्टों का मूल माना है। दु:ख की सत्यता को अस्वीकार नहीं किया जा सकता। सभी जीव दु:ख के वशीभूत हैं। शील, समाधि और प्रज्ञा कायिक, वाचिक और मानसिक शुद्धता के आधारभूत तथ्य हैं, जिनके माध्यम से प्रत्येक मनुष्य दु:ख से मुक्त हो सकता है।

बौद्ध-चिंतन में समस्त प्राणियों के दु:ख निवारण एवं कुशल कर्मों के निष्पादन के क्रम में अष्टांगिक मार्ग सर्वाधिक महत्त्वपूर्ण है, जिसे 'मध्यम मार्ग' कहा गया है। ये हैं—(1) सम्यक् दृष्टि, (2) सम्यक् संकल्प, (3) सम्यक् वचन, (4) सम्यक् मार्ग, (5) सम्यक् आजीविका, (6) सम्यक् व्यायाम, (7) सम्यक् स्मृति और (8) सम्यक् समाधि। इन आष्टांगिक मार्गों के माध्यम से ही अर्थात् इन पर चलकर ही मानव समाज का कल्याण हो सकता है और दु:खों से मुक्ति मिल सकती है। पंचशील का पालन करने और आष्टांगिक मार्ग का अनुसरण करने से मनुष्य के अंदर जिन सद्गुणों का अविर्भाव होता है, बौद्ध धर्म में उसे दस पारमिताओं की संज्ञा दी गई है। ये दस पारमिताएँ हैं—(1) दान पारमिता, (2) शील पारमिता, (3) सत्य पारमिता, (4) प्रज्ञा पारमिता, (5) वीर्य पारमिता, (6) क्षति पारमिता, (7) सत्य पारमिता, (8) अधिष्ठान पारमिता, (9) मैत्री पारमिता और (10) उपेक्षा पारमिता। ये पारमिताएँ बुद्धत्व प्राप्ति के लिए आवश्यक योग्यताएँ मानी गई हैं।

बौद्ध-चिंतन में जैव नीतिशास्त्र की अवधारणा के उल्लेख के क्रम में सर्वाधिक महत्त्वपूर्ण सिद्धांत प्रतित्यसमुत्पाद के सिद्धांत की अवधारणा है। प्रतित्यसमुत्पाद का सिद्धांत निर्विवाद रूप से बौद्ध चिंतन का प्रारंभ बिंदु है। समस्त बौद्ध दार्शनिक सिद्धांत प्रत्यक्ष या अप्रत्यक्ष रूप से इसी

से फलित होते हैं। यह सिद्धांत आनुभविक जगत् की व्याख्या के रूप में प्रस्तुत हुआ, उनमें से द्वितीय आर्यसत्य 'दु:खसमुदय' की स्थापना मुख्यत: प्रतित्यसमुत्पाद के सिद्धांत के रूप में हुई है। बौद्ध दार्शनिकों ने इस सिद्धांत को समस्त ब्रह्मांड का मूल बताया है। मानव भाग्य ही नहीं, अपितु समस्त सृष्टिमीमांसा और धर्ममीमांसा का यही उद्गम है। मानव, पशु, पक्षी, पृथ्वी, पर्वत, नदी, निर्झर, ग्रह और नक्षत्र—सब इसी के द्वारा नियंत्रित और संचालित होते हैं। मानव-लोगों में ही नहीं, देव-लोकों और नरकों में भी यह हेतु फल संबंध परंपरा लागू है। यह व्याख्या त्रिकाल पर भी लगती है। असंस्कृत धर्मों को छोड़कर यह सर्वसंस्कृत धर्मों पर लागू है। इसकी तुलना वेदों में वर्णित ऋतु से ही की जा सकती है। यही कर्म का सिद्धांत है, जो प्राणियों के शुभ-अशुभ कर्मों के अनुसार इनके पूर्वजन्म को निर्धारित करता है और उनके सुख-दु:ख का विधान करता है। इसे भवचक्र, भावचक्र, प्रत्ययाकार (पच्च्याकार) और द्वादश निदान भी कहते हैं। द्वादश निदान इस प्रकार है—(1) अविद्या से संस्कार, (2) संस्कार से विज्ञान, (3) विज्ञान से नामरूप, (4) नामरूप से षडायतन (अर्थात् मन सहित पाँच ज्ञानेंद्रियाँ), (5) षडयातन से स्पर्श, (6) स्पर्श से वेदना, (7) वेदना से तृष्णा, (8) तृष्णा से उपादान, (9) उपादान से भव (संसार में होने की प्रवृत्ति), (10) भव से जाति, (11) जाति से जरा, (12) जरा से मरण, ये बारहों स्वरूप चार आर्यसत्यों से ही नि:सृत हैं। इनमें से कुछ भूत (पूर्व) के कारण और वर्तमान के कार्यरूप हैं तथा कुछ वर्तमान में कारण हैं और कुछ भविष्य में कार्य होने के लिए हैं। इस तरह उपर्युक्त क्रम-परंपरा में पहला और दूसरा ('अविद्या' और संस्कार) द्वितीय आर्यसत्य (दु:खसमुदय) से संबद्ध है और पहले के जन्म से संबंध रखनेवाले वर्तमान जन्म के कारण हैं तथा ये दु:ख समुदाय के स्वरूप हैं। 'जाति' और 'जरामरण' वर्तमान जीवन में रहकर भावी जीवन के कारण हैं और वर्तमान जीवन में कार्य और कारण दोनों रूपों

में ही स्थित हैं 'भव' का अर्थ है—पुनर्भव। भव का उदय उपादान से होता है, जिसे अशक्ति भी कहा जाता है। उपादान कई हैं—कामोपादान (नारी में आसक्ति), आत्मोपादन (आत्म को नित्य मानने में आसक्ति) शीलोपादान (व्रतों में आसक्ति) आदि। आसक्ति तृष्णा और स्पृहा से होती है, जो इंद्रियों द्वारा अनुभव की जाती है। अत: इन्हीं कार्य-कारणों को परंपरा से संसार-चक्र 'भवचक्र' के रूप में चलता है। जीव इसी भवचक्र में पड़ा रहता है। जब तक इससे मुक्ति नहीं मिलती, तब तक उसके दु:ख का अंत नहीं होता। दु:ख नित्य नहीं है। इसलिए दु:ख के विनाश के लिए उपाय हैं, जिससे मनुष्य को सर्वदा के लिए जन्म-मरण से मुक्ति प्राप्त हो सकती है। इस प्रकार प्रतित्यसमुत्पाद के सिद्धांत में जैव-नीतिशास्त्र की ही व्याख्या है, जिसके आधार पर मानव जीवन एवं अन्य प्राणी जीवन-यात्रा संपन्न कर मोक्ष को प्राप्त करते हैं।

इसके अतिरिक्त बौद्ध-चिंतन में ब्रह्मविहार का उल्लेख है, जिसके अंतर्गत यह मान्यता है कि मनुष्य के चित्त को अज्ञानता, क्रोध, लोभ और बैर जैसी बुराइयाँ दूषित करती हैं। बौद्ध-धर्म में इन बुराइयों के निदान हेतु चार ब्रह्मविहारों का प्रावधान है। ये हैं—मैत्री, करुणा, मुदिता और उपेक्षा। इनके अनुपालन से मानव चित्त की मलीनता नष्ट हो जाती है और वह विशुद्ध मन से शांति, सामाजिक सद्भाव एवं मैत्री का भाव रखकर निर्वाण पथ पर अग्रसर होती है।

इस प्रकार बौद्ध-धर्म के उपर्युक्त महत्त्वपूर्ण सिद्धांतों, चार आर्यसत्य, आष्टांगिक मार्ग, प्रतित्यसमुत्पाद, ब्रह्मविहार इत्यादि मानव-जीवन की जैव-वैज्ञानिक व्याख्या है एवं सांसारिक रोगों के निदान का उत्तम मार्ग है, जिसे भगवान् बुद्ध ने एक वैद्यराज की भाँति औषधि के रूप में मानव समाज के समक्ष प्रस्तुत किया।

इन सिद्धांतों के अतिरिक्त भगवान् बुद्ध ने अपने उपदेशों के क्रम में विभिन्न सुत्तों एवं गाथाओं के माध्यम से भिक्षुओं तथा सामान्य जनों

के लिए जो संदेश दिया है, वह मानव जीवन एवं अन्य प्राणियों की जीव वैज्ञानिक व्याख्या है।

उक्त संदर्भ में सर्वप्रथम दीर्घनिकाय के ब्रह्मजालसुत्त में उल्लिखित कुछ उद्धरणों की चर्चा की जा सकती है, जिनमें आत्मा, लोक को शाश्वत बताते हुए कहा गया है कि "यहाँ भिक्षु कोई श्रमण या ब्राह्मण संयम, वीर्य, अध्यवसाय, अप्पमाद एवं स्थिर चित्त से ऐसी समाधि प्राप्त कर लेता है कि उस समाधि प्राप्त चित्त में नाना प्रकार के जैसे—एक, दो-दस, बीस-सौ, एक हजार या एक लाख अथवा अनेक लाख पूर्व जन्मों की स्मृति होने लगती है कि जैसे—मैं एक जन्म में इस नाम का, इस गोत्र का, इस वर्ण का, इस आहार का उपयोग करनेवाला, इस प्रकार के सुख-दु:खों का अनुभव करनेवाला और इतनी आयु तक जीवित रहनेवाला था। मैं वहाँ से च्युत (मरकर) वहाँ (दूसरे जन्म में) उत्पन्न हुआ। इस प्रकार अनेक पूर्व जन्मों के सभी आकार-प्रकारों का स्मरण करता है। इस प्रकार के अनेक उदाहरण दीर्घनिकाय के ब्रह्मजाल सुत्त में पाए जाते हैं, जिससे वर्तमान जैव नीति या मानव जीवन की संपूर्ण अवस्था की जानकारी एवं विपश्यना या ध्यान विधि द्वारा विभिन्न शारीरिक क्रियाओं का ज्ञान एवं रोगों के निदान जैसी समस्याओं के निराकरण का सफल प्रयास किया जाता रहा है।

दूसरी ओर बौद्ध ग्रंथ विनय पिटक में भिक्षु-भिक्षुणियों की दिनचर्या एवं अन्य नियमों-उपनियमों के अध्ययन से यह प्रकट होता है कि बौद्ध चिंतन में जैव नीतिशास्त्र के आलोक में सभी प्राणियों में संतुलन, समन्वय एवं सद्भाव स्थापित करने का प्रयास किया गया है। इस क्रम में पाराजिक, संघादिसेस, निस्सग्गिय पाचित्तय, दुकट, थुल्लचय, वर्षावास, अरण्यवास इत्यादि विधानों का प्रावधान विनय पिटक में किया गया है, जो वर्तमान जैवकीय संतुलन के सिद्धांत का द्योतक है। उदाहरणस्वरूप भगवान् बुद्ध द्वारा भिक्षुओं के संबोधन को प्रस्तुत किया जा सकता

है—यथा 'ऋण अथवा वृक्ष आदि के गिराने में पचित्तिय का दोष लगता है। वनस्पतियों एवं अन्य जैविक प्राणियों के संरक्षण हेतु बुद्ध ने कहा है कि "पहले शाक्यपुत्रीय भिक्षुओं को वर्षाकाल में भी विचरण करते हुए देखकर लोग हैरान रहते थे कि कैसे शाक्यपुत्री श्रमण हरे तृणों का मर्दन करते हुए, वनस्पति को कष्ट देते हुए बहुत से छोटे-छोटे समुदायों को मारते वर्षाकाल में विचरण करते हैं। ये दूसरे मतवाले, जिनका धर्म अच्छी तरह व्याख्यायित नहीं किया है, वे भी वर्षाकाल में विचरण नहीं करते हैं। तब उन भिक्षुओं ने भगवान् से यह बात कही। यह देखकर तथागत ने भिक्षुओं को आमंत्रित करते हुए कहा कि भिक्षुओं अनुमति देता हूँ, वर्षावास करने की। इस प्रकार भगवान् बुद्ध ने विनय-पिटक में पेड़-पौधे, जैविक प्राणी एवं मानव के कल्याण हेतु अनेक धार्मिक उपदेश दिए हैं, जो व्यावहारिक दृष्टिकोण से जैविकीय संतुलन एवं जैन नीतिशास्त्र की व्याख्या से संबद्ध हैं।

जहाँ तक भगवान् बुद्ध की बौद्ध संघ में स्त्रियों के प्रवेश संबंधी धारणा है, उसमें भी जैवकीय कारणों का ही दिग्दर्शन होता है। भगवान् बुद्ध ने स्त्रियों की जातिगत खामियों एवं कामवासना जाग्रत् होने में विशेष रूप से कारणभूत होने के कारण ही उन्हें संघ में सम्मिलित करने पर प्रतिबंध लगाने की बात की है, परंतु आनंद के अनुग्रह पर बुद्ध महाप्रजापति की प्रव्रज्या की अनुज्ञा देते हैं। स्त्री जाति के जातिगत स्वामियों की ओर संकेत करते हुए बुद्ध ने कहा कि स्त्रियाँ कभी बुद्ध नहीं हो सकतीं, क्योंकि उनमें पाँच भयंकर दोष होते हैं।

यथा—

1. वे श्रद्धारहित होती हैं।
2. निर्लज्ज होती हैं।
3. निर्भय होती हैं।

4. क्रोधी होती हैं।
5. मूर्खा होती हैं।

उक्त कारणों के कारण ही भगवान् बुद्ध स्त्रियों के संघ में प्रवेश के प्रति अंततः आश्वस्त नहीं हुए। उन्होंने आनंद से कहा, "यदि तथागत प्रवेदित धर्म विनय में स्त्रियाँ प्रव्रज्या न पातीं, तो ब्रह्मचर्य स्थायी होता। सद्धर्म सहत्र वर्ष तक ठहरता, लेकिन चूँकि आनंद! स्त्रियाँ प्रव्रजित हुईं, अब ब्रह्मचर्य चिरस्थायी न होगा, सद्धर्म पाँच ही सौ वर्ष ठहरेगा। इस प्रकार बुद्ध स्त्रियाँ के जातिगत स्वामियों एवं जैविक भिन्नता के प्रति सदैव जागरूक रहे और फलस्वरूप उन्होंने भिक्षुणियों के लिए अलग (भिक्षुओं से भिन्न) नियम बनाएँ, जिसे बौद्ध विनय में आठ गुरुधर्म की संज्ञा दी गई है। अतएव उक्त संदर्भों में भी बौद्ध-चिंतन में जैव नीतिशास्त्र की भगवान् बुद्ध की अवधारणाओं की व्याख्या उपलब्ध होती है।

परवर्ती बौद्ध साहित्यों; विशेषतः जातक कथाओं के पात्र के रूप में देवता, यक्ष, नाग, प्रेत आदि के अतिरिक्त केकड़ा, बंदर, गीदड़, शेर, सुअर, बगुले, बिल्ली और कौवे आदि का वर्णन बौद्ध धर्म एवं सिद्धांतों के परिप्रेक्ष्य में जैवकीय नीतिशास्त्र की अवधारणा को स्पष्ट करता है। इन सभी जीव-जंतुओं का जीवन प्रवाह सर्वाधिक चेतन प्राणी मानव के जीवन प्रवाह के साथ ही प्रवाहित होता है। ऐसा प्रतीत होता है कि मानव का परिवार बहुत ही विशाल है, जिसमें सभी तरह के जीव-जंतु, कीट-पतंग, प्रेत, पिशाच, यक्ष-किन्नर आदि सम्मिलित हैं। मानव थलचर, जलचर और नभचर—सबको साथ लेकर जीवन-यात्रा के पथ पर अग्रसर होता है।

साधारणतः जातकों की कथाएँ जीव मात्र को एक सूत्र में पिरोकर सबके लिए सबको सोचने और कर्म करने की प्रेरणा प्रदान करती है। 'मैत्री-धर्म' का तात्पर्य केवल मानव से मानव की मैत्री नहीं है, मानव अपने स्वाभाविक बैरी—शेर, साँप, घड़ियाल आदि के प्रति भी मैत्री

भावना को सजग रखे, इसकी व्याख्या जातक ग्रंथों में स्पष्ट वर्णित है। जातकों में मानव के कर्तव्य क्षेत्र को बहुत ही विस्तृत कर दिया गया है। घर की बगल में बसनेवाले पड़ोसी और निकट के वृक्ष पर घोंसला बनाकर रहनेवाले पक्षी या दीवारों पर रेंगनेवाली छिपकलियों तक के प्रति हृदय में मैत्री-भाव रखकर सुखी रहने की बात, इन ग्रंथों में की गई है। जातक ग्रंथों में ऐसी कथाओं का अंत नहीं है, जिनमें यह बतलाया गया है कि मानव भाषा बोलनेवाले पशु-पक्षियों ने मानव का हित किया है, अपनापन निभाया है, यहाँ तक की आत्मदान कर दिया है। इन कथाओं से यह प्रेरणा मिलती है कि यदि हमारे हृदय में शुद्ध मैत्री के भाव हों, तो सभी अपने हैं, कोई गैर नहीं है, किसी से भय नहीं है। जातक में पशुओं की सेवा करने का उल्लेख है। इस प्रकार मानव और पशु-पक्षी दोनों में ही सेवा और स्नेह का कारण एक है। अतिथि सेवा एवं दान की सीमा केवल समाज तक ही सीमित नहीं है, वरन् मानव परिवार में जीव-जंतु सभी हैं। बौद्ध संस्कृति की यह विश्वव्यापी आत्मीयता संसार के लिए पवित्र देन है, जो वर्तमान परिप्रेक्ष्य में जैव नीतिशास्त्र की व्याख्या एवं समस्त जैव प्राणियों में संतुलन का सर्वोत्कृष्ट उदाहरण है।

पालि वाङ्मय एवं अन्य बौद्ध ग्रंथों के अतिरिक्त बौद्ध-धर्म के संपोषक सम्राट् अशोक के अभिलेखों में भी जैव नीतिशास्त्र की व्याख्या उत्कीर्ण है, जो इस तथ्य की पुरातात्त्विक प्रामाणिकता की पुष्टि करती है। इस संदर्भ में अशोक के प्रथम शिलालेख, द्वितीय शिलालेख एवं पंचम स्तंभ लेख विशेष रूप से उल्लेखनीय हैं। अशोक ने अपने प्रथम शिलालेख में प्राणी हिंसा पर रोक लगाने हेतु कहा है कि 'पहले देखो कि राजा प्रिय प्रियदर्शी की पाकशाला में प्रतिदिन कई लाख प्राणी सूप के लिए मारे जाते थे, परंतु आज जब यह धर्मलिपि लिखवाई, तब सूप के लिए तीन प्राणी मारे जाते हैं, दो मोर और एक मृग। वह मृग भी निश्चित रूप से नहीं। ये तीन प्राणी बाद में नहीं मारे जाएँगे। द्वितीय शिलालेख में

सम्राट् अशोक कहता है कि दो प्रकार की चिकित्सा, अर्थात् मनुष्यों के लिए उपयोगी और पशुओं के लिए उपयोगी औषधियाँ जहाँ-जहाँ नहीं हैं, वहाँ-वहाँ लाकर लगवाई गईं। मार्गों में मनुष्यों एवं पशुओं के लिए सुख के लिए कुएँ खुदवाए गए और वृक्षादि लगवाए गए। सम्राट् अशोक ने अपने पाँचवें स्तंभ लेख में वन्य प्राणियों के अवध्य एवं वनों के काटने पर रोक लगाते हुए कहा है कि "अपने अभिषेक के छब्बीस वर्ष बाद मैंने इन प्राणियों को अवध्य घोषित कर दिया है। वे हैं—तोता, मैना, अरुण, चक्रवाक, हंस, नंदिमुख, गोलट, चमगादड़, रानी चींटी, कच्छपि, अस्थिहीन मछली, वेद्धेयक, गंगा पपुटक, संकुज्जमछ (साँप के आकार की मछली), कछुआ, सेही, खरगोश, गिलहरी, बारहसिंहा, साढ़, घर के कीट, गेड़ा, श्वेत कबूतर, ग्राम कबूतर तथा वे सभी चौपाए, जो न उपयोग में आते हैं और न खाए जाते हैं। गर्भवती या दूध पिलाती हुई भेड़, बकरी और सूकरी और उनके छह महीने से कम के बच्चे भी अवध्य हैं। व्यर्थ ही मुरगे को भी नहीं काटना चाहिए। जीव सहित भूसा नहीं जलाना चाहिए। व्यर्थ ही हिंसा के लिए जंगल नहीं जलाना चाहिए। जीव से जीव को पोषण नहीं करना चाहिए। तीनों चातुर्मासों की पूर्णिमा को या तैस (मौष) नक्षत्र की पूर्णिमा के तीन दिनों में अर्थात् चतुर्दशी की पूर्णिमा और प्रतिपक्ष को तथा त्रयोदशी और उपवास के दिनों में मछलियों को नहीं मारना चाहिए और न बेचनी चाहिए। इन्हीं दिनों को हाथियों के वन में और मल्लाहों के तालाब में जो अन्य जीव समूह हैं, उन्हें न मारें। प्रत्येक पक्ष की अष्टमी, चतुर्दशी और पंचदशी तिथि (अमावस्या या पूर्णिमा) को पौष या पुनर्वसु नक्षत्रों में तीनों चातुर्मासों की पूर्णिमाओं को या अच्छे दिनों में बैल को लंक्षित नहीं करना चाहिए अर्थात् दागना चाहिए। अब तक छब्बीस वर्षों तक राज्य करने में, मैंने पच्चीस बार बँधे हुए लोगों को छोड़ा है, अर्थात् बंदियों को मुक्त किया है।

इसके अतिरिक्त अशोक के तीसरे शिलालेख, चौथे शिलालेख,

सातवें शिलालेख एवं दूसरे स्तंभ लेख में भी जैव नीतियों से संबंधित व्याख्या उत्कीर्ण है। इन तथ्यों के आधार पर ही बौद्ध-धर्म के इतिहास में अशोक का स्थान सर्वोपरि बताया गया है। उसने बौद्ध-धर्म को व्यक्तिगत जीवन में अंगीकार कर, धर्म को राजकीय संरक्षण प्रदान कर इसे विश्वव्यापी स्तर प्रदान करने में महत्त्वपूर्ण भूमिका निभाई। उसके द्वारा उत्कीर्ण कराए गए अभिलेखों में भी बौद्ध ग्रंथों के सदृश ही जैव नीतिशास्त्र की अवधारणा पर प्रचुर प्रकाश पड़ता है।

इस प्रकार उपर्युक्त साहित्यिक एवं पुरातात्त्विक साक्ष्यों के आधार पर यह कहना समीचीन प्रतीत होता है कि भगवान् बुद्ध द्वारा प्रतिपादित सभी सिद्धांतों में मानव जीवन के सूक्ष्म अध्ययन के क्रम में दु:ख का निदान एवं अंतत: निर्वाण प्राप्ति के मार्गों के रूप में सर्वस्त्र जैव नीतिशास्त्र की व्याख्या की गई है, जो बौद्ध चिंतन में जैव नीतिशास्त्र की अवधारणा एवं वर्तमान में उसकी उपादेयता का द्योतक है।

❑

बौद्ध साहित्य में पर्यावरण

वर्तमान विश्व में पर्यावरण की समस्या सबसे अधिक चिंतन-मनन का विषय बन गई है। दैनिक जीवन की सुख-सुविधा के प्रबंधन एवं औद्योगिक विकास के कारण प्रकृति का विनाश हो रहा है। भूमंडलीय तापमान में वृद्धि से भयंकर प्रदूषण बढ़ता जा रहा है। अनेक देशों में बढ़ते औद्योगीकरण और जनसंख्या के विस्फोट के कारण प्राकृतिक पर्यावरण में वनस्पतियों, पशुओं, जल संसाधन, मिट्टी, धातुओं इत्यादि के संरक्षण की समस्या विश्व स्तर पर पैदा हुई है। प्राकृतिक पर्यावरणों और मानव आवाही के बीच का पारस्परिक प्रभाव महत्त्वपूर्ण विषय माना जाता है। इन्हीं को पर्यावरण की समस्या कहते हैं। इस समस्या से निपटने के लिए विश्व के धनी-संपन्न देशों ने मिलकर पृथ्वी पर प्राकृतिक संतुलन को बरकरार रखने के लिए पिछले कुछ दशकों से पृथ्वी दिवस का आयोजन किया है। इससे जूझने के लिए सब लोग अपने अतीत की ओर उन्मुख होकर प्रेरक प्रसंगों की खोज में व्यस्त हैं, ताकि वर्तमान को सुखद, सुंदर एवं मानव-हित में स्वस्थ-स्वच्छ बनाया जा सके। इसी परिप्रेक्ष्य में सबसे अधिक बौद्ध वाङ्मय की ओर विद्वानों की दृष्टि जा रही है। वास्तव में यह एक सर्जनात्मक कदम है। बुद्ध के पहले भी सामाजिक विसंगति एवं प्रकृति-विनाश की स्थिति पराकाष्ठा पर थी। रक्तरंजित यज्ञों और संहारक सामाजिक रीति-रिवाजों

के खिलाफ बुद्ध ने जीवनपर्यंत संघर्ष किया। बहुजन हिताय, बहुजन सुखाय एवं लोकानुकंपाय के जो कार्य उन्होंने किए, उनसे बौद्ध वाङ्मय ओत-प्रोत है। बौद्ध साहित्य में परिस्थिति विज्ञान तथा पर्यावरण संरक्षण पर चिंतन-मनन की दिशा में प्रचुर सामग्री कालांतर में एकत्र होती गई।

अंग्रेजी शब्द 'इकोलॉजी' अर्थात् पारिस्थितिकी सन् 1869 ई. में प्रकाश में आया। यह अपेक्षाकृत नया विज्ञान है। हाल तक इसे जीव विज्ञान की शाखा समझा जाता था, लेकिन अब इसने स्वतंत्र विषय का रूप ले लिया है। यह जीव विज्ञान से घनिष्ठ संबंध रखता है। यह विषय पौधों, पशुओं और मानवों जैसे अनेक जीवधारियों के बीच पारस्परिक प्रभाव पर विचार-विमर्श से जुटा है। मानव के आविर्भाव के साथ ही भोजन, आश्रय और परिवहन की आवश्यकता सामने आई। प्राचीनकाल में मनुष्य जंगली पैदावार को एकत्रित कर तथा पक्षियों-पशुओं का शिकार कर जीवन-यापन करता था, लेकिन औद्योगिक युग में मनुष्य का पौधों और पशुओं के साथ संबंध बहुत बदल गया और अब बहुत-से जीव-जंतु मनुष्य के प्रयत्न से सुरक्षित हैं।

पर्यावरण का अर्थ होता है प्राकृतिक और मानवनिर्मित दोनों प्रकार का परिवेश। प्राकृतिक तत्त्वों में मिट्टी हवा और पानी है, जिनके सहारे पशु, पौधे और आवास की तरह प्रयोग में आनेवाली अनेक प्रकार की संरचनाएँ निहित हैं। पर्यावरण के अंतर्गत ग्रामीण, शहरी, सामाजिक-आर्थिक, सांस्कृतिक और राजनैतिक अवस्थाएँ भी महत्त्वपूर्ण हैं।

भारतीय परंपरा में पुरुष और प्रकृति परस्पर अभिन्न रूप से जुड़े हैं। जीव-जंतु, वनस्पति सभी प्रकृति की संतानें हैं और पर्यावरण इससे अभिन्न नहीं। पर्वत, नदियों, वृक्ष, वन सभी को जीवन के लिए महत्त्वपूर्ण समझा जाता है। आज भी ग्रामीण अंचल में नागपूजा, वृक्ष-पूजा का प्रचलन है। कुछ वृक्षों की महिमा अपार है, पीपल, बरगद, देवदार, आम, महुआ और अशोक इस श्रेणी में आते हैं। साहित्य और संगीत में ही नहीं,

लोककथाओं और लोक परंपरा में समान रूप से प्रकृति को एक ऐसी सत्ता के रूप में प्रतिष्ठित किया गया है, जिसे प्रदूषित करना अपराध है। भूमि को देवत्व प्रदान किया जाना इसलिए परमावश्यक हो गया कि पर्यावरण का संरक्षण अनायास सार्वजनिक कर्तव्य हो सके। प्रकृति की विभिन्न शक्तियों को देवी-देवताओं के रूप में मूर्तिमान किया गया। सूर्य, मारुत, वरुण, अग्नि आदि वैदिक काल में महत्त्वपूर्ण आराध्य देवता समझे जाते थे। धरती माता के रूप में पहचानी जाती थी।

भारतीय परंपरा में धरती को माता कहा जाता है, जो अपनी सभी संतानों का पालन-पोषण बिना भेद-भाव के स्वयं कष्ट उठाकर भी सदैव करती है। स्पष्ट है कि कोई भी संतान धृष्ट और उद्‌दंड होने पर भी अपनी माता का निरादर नहीं कर सकती। वेदों एवं उपनिषदों में मंत्रोच्चारण का अभिन्न हिस्सा शांति-पाठ है, जिससे पृथ्वी, आकाश, जल, वायु आदि की शांति के लिए प्रार्थना की जाती है। इतिहासकार वासुदेव शरण अग्रवाल ने अपने एक विचारोत्तेजक निबंध में पाठकों का ध्यान इस ओर आकृष्ट किया है कि कैसे हमारे पुरखों ने भूमि को देवत्व प्रदान कर पृथ्वी, जल और वायु को प्रदूषण से मुक्त रखने का सार्थक प्रयत्न किया था। संध्या, उपासना के अवसर पर नदियों का उल्लेख मात्र दिखावा नहीं था—

'गंगा, यमुनाश्चैन, गोदावरी, सरस्वती, नर्मदे, सिंधु, कावेरी, जले, सन्निधिम कुरू।' उसी तरह महानगरों का उल्लेख मोक्षदायक तीर्थों के रूप में किया जाता रहा है—'अयोध्या, मथुरा, माया, काशी, काँची, अवंतिका, पुरी द्वारा वतीचैव सयतैदा मोक्षदायिका।'

यह बात आसानी से समझी जा सकती है कि जिन स्थानों का वर्णन मोक्षदायक पवित्र स्थानों के रूप में किया जाता था, उन्हें प्रदूषित करने का दुस्साहस कोई नहीं कर सकता। जिन सोलह संस्कारों का कायाकल्प आज नाममात्र के लिए अंधविश्वासी रूढ़ के रूप में किया जा रहा है,

उसके पीछे मौलिक सोच प्रदूषण से बचने का ही था। सुगंधित द्रव्यों से वातावरण में व्याप्त प्रदूषण को दूर करने का प्रयत्न किया जाता था। आचमन, स्नान, प्रक्षालन, क्षौरकर्म तथा अग्नि द्वारा शुद्धीकरण इसी का उदाहरण हैं। जंगलों को सुरक्षित रखने के लिए इन्हें देववन की संज्ञा दी गई थी। वृक्षों, वनस्पतियों तथा पशु-पक्षियों को विभिन्न देवी-देवताओं के साथ जोड़ जैव-विविधता को अनायास संबंधित संरक्षित किया जाता था। वट-पूजन एवं नाग-पूजन की परंपरा आज भी गाँव-देहात में प्रचलित है। गरुड़ विष्णु का वाहन, तो बाघ दुर्गा का, मूषक गणेश, उल्लू लक्ष्मी का वाहन था, तो मोर कार्तिकेय का। यह बात रेखांकित करने की आवश्यकता नहीं कि उपर्युक्त प्राणी अवध्य थे और भी न जाने कितने जीव-जंतु थे, जो पौराणिक आख्यानों या 'रामायण', 'महाभारत' में आराध्य व्यक्तियों के साथ जुड़कर इसी श्रेणी में शामिल कर दिए गए थे। स्वयं पृथ्वी गो-माता का अवतार थी, नल-नील नामक गिलहरियों ने राम सेतु के निर्माण में सहायक की भूमिका निभाई थी। सिर्फ सजीव ही नहीं, वरन् जड़ पर्वतों को भी सजीव और देवतुल्य मान आदर का पात्र समझा जाता रहा है। कालिदास की रचना 'कुमारसंभवम्' में हिमालय को नगाधिराज ही नहीं, देवतात्मा से भी संबोधित किया गया है, जहाँ कैलाश नाम स्थान में महादेव शिव का वास माना जाता है। कालांतर में पर्यावरण के संरक्षण की जगह इन तीर्थों में प्रदूषण अंधविश्वास के कारण ही बढ़ा है।

प्राचीनकाल में ही मनुष्य अपनी प्रगति के लिए प्राकृतिक संसाधनों के उपयोग पर निर्भर रहा है। भारत में प्राचीनतम मानव बस्तियों की स्थापना प्रायः पहाड़ी, पठारी और जंगली क्षेत्रों में झीलों और नदियों के नजदीक हुई, जहाँ लोग शिकार करने के लिए पत्थर और हड्डी के औजार बना सकते थे। इन औजारों से कृषि के लिए जमीन भी जोती जाती थी, साथ ही, आवासों को खड़ा करने हेतु समतल जमीन तैयार की जाती थी।

गंगा के मैदान में जंगलों की कटाई और कड़ी कछारी भूमि की जुताई के बिना बड़ी कृषक बस्तियों की स्थापना असंभव थी। यह सब 500 ई. पूर्व से लोहे की कुल्हाड़ी और लोहे के फाल के प्रयोग से ही प्रभावकारी ढंग से संभव हो सका। इसके लिए लोहे की खानों की खोज और निष्कर्षण की प्रौद्योगिकी तथा लौहशिल्प की तकनीक को विकसित करना जरूरी था। मध्य गंगा के मैदान की कछारी मिट्टी, विंध्य क्षेत्र की लाल मिट्टी और दक्कन तथा पश्चिम भारत की कपास पैदा करनेवाली काली मिट्टी की कारगर जुताई के लिए लोहे के फालों की आवश्यकता थी।

आजकल पर्यावरण के संरक्षण पर बल दिया जाता है। फिर भी, जंगलों की कटाई के बावजूद सोलहवीं-सत्रहवीं सदियों तक दोआब के जंगल बरकरार रहे और वहाँ पशुओं के शिकार होते रहे। जंगलों की निर्मम कटाई से होनेवाला पारिस्थितिकीय परिवर्तन मुनाफाखोर विकास का दुष्परिणाम है। वास्तव में मानव समाज का प्रारंभिक विकास वनस्पतियों और पशुओं की कीमत पर हुआ, लेकिन जबसे मनुष्य ने वनस्पतियों का उत्पादन और पशुपालन शुरू किया, तब से दोनों की वृद्धि हुई।

मानव बस्तियों के स्थान और आकार पर्यावरण संबंधी घटकों द्वारा निर्धारित होते थे। वासस्थल का चुनाव मिट्टी और जलवायु पर बहुत हद तक निर्भर करता था। अनुकूल वर्षावाले क्षेत्र, जहाँ नदियाँ, झील, जंगल, पहाड़ियाँ, धातु और उपजाऊ मिट्टी होती थी, लोगों को बसने के लिए आकर्षित करते थे। इसके विपरीत जल संसाधनरहित शुष्क मरुस्थल लोगों को यहाँ बसने से हतोत्साह करते थे। इस प्रकार गंगा के मैदान मानव बस्ती के आकर्षक क्षेत्र बन गए। इनमें 500 ई.पू. के बाद के काल में बहुंख्यक और उसके पहले बहुत कम बस्तियाँ दिखती हैं। उसी काल में दोआब और मध्य गंगा के मैदानों में बहुत नगर मिलते

हैं। सड़कों और रेलमार्गों की तरह नदियाँ परिवहन का मार्ग बनीं। इनकी बाढ़ें जंगली तटों को साफ कर देती थीं और वहाँ फिर से जंगलों को उगने से रोकती थीं। इसके अतिरिक्त, वे कृषकों के लिए न सिर्फ भूमि तैयार करती थीं, बल्कि उस भूमि की सिंचाई भी करती थीं।

लगभग 2500 ई.पू. में नदियों के मार्गों में दिशा परिवर्तन होने से मानव बस्तियों पर प्रभाव पड़ा। घग्घर-हकरा की समरूपा नदी सरस्वती, यमुना और सतलुज से मिल गई और तीनों ने मिलकर हड़प्पा संस्कृति के विकास में योगदान किया, लेकिन 1700 ई.पू. में सतलुज और संभवतः यमुना पूरब की ओर बढ़ गईं। इसका हड़प्पा संस्कृति की बस्तियों पर प्रतिकूल प्रभाव पड़ा।

नदियों के संगम प्रारंभिक मानव बस्तियों के रूप में उभरे। नदियों के संगम ने जंगलों का प्रभावी ढंग से सफाया किया और मनुष्य के बसने में सहायता की। यह भारत के प्रथम महानगर पाटलिपुत्र के विषय में कहा जा सकता है। पाटलिपुत्र गंगा, पुनपुन और सोन के संगम पर स्थित था। उत्तर में गंडक और घाघरा नदियाँ गंगा से मिलती थीं और पुनपुन नदी दक्षिण में मिलती थी। ये संगम स्थल शहर से ज्यादा दूर नहीं थे। तीन दिशाओं में नदियों की उपस्थिति ने पाटलिपुत्र को प्रायः जल-दुर्ग बना दिया और इसे महान् राजधानी बनने का गौरव भी प्राप्त हुआ। यद्यपि पाटलिपुत्र गंगा और सोन के संगम पर अवस्थित था, तथापि सोन नदी बाद में पश्चिम की ओर खिसक गई। प्रागैतिहासिक काल में पाटलिपुत्र के उत्तर गंगातट पर स्थित चिराँद महत्त्वपूर्ण हो गया, क्योंकि यह वास्तव में गंगा और घाघरा के संगम पर अवस्थित था, जिसके आसपास के क्षेत्र में जंगल थे। इसका संकेत चिराँद में प्राप्त नवपाषणयुगीन उपकरणों से मिलता है। इनमें अधिकांश हरिण के सींगों से बने हैं, जिससे संकेत मिलता है कि निकटवर्त्ती जंगल में हरिणों की संख्या पर्याप्त थी।

यद्यपि वास के लिए नदियों के निकट के क्षेत्रों को तरजीह दी जाती

थी, तथापि लोग झीलों और तालाबों के निकट बसते थे। इस तरह के स्थल दूसरी सहस्राब्दी ई.पू. में पूर्वी उत्तर प्रदेश और उत्तरी बिहार में मिलते हैं। जलस्रोतों के पास बसने का रिवाज आज भी बरकरार है।

प्रसंगवश यहाँ वर्षा और मानवीय प्रयासों के बीच के संबंध का परीक्षण किया जा सकता है। यद्यपि हड़प्पा संस्कृति शुष्क, अर्द्ध-मरुस्थलीय कटिबंध में पाई गई है, तथापि हड़प्पा संस्कृति के उद्भव और विकास का श्रेय अच्छी वर्षा को दिया जाता है। वैज्ञानिकों के अनुसार तीसरी सहस्राब्दी ई.पू. में हड़प्पा संस्कृति के क्षेत्र में यथेष्ट वर्षा होती थी, लेकिन जैसे-जैसे वर्षा की मात्रा में कमी आने लगी, वैसे-वैसे हड़प्पा संस्कृति पर उसका प्रतिकूल प्रभाव पड़ने लगा। महाराष्ट्र के इनाम गाँव से प्राप्त वनस्पतियों और पशुओं के अवशेषों से 1000 ई.पू. में अत्यंत शुष्क अवस्था की शुरुआत के संकेत मिलते हैं। इससे कृषकों को अपना घर छोड़कर पशुचारी खानाबदोशी जीवन अपनाना पड़ा। वर्षा निश्चित रूप से मानव समाज को खेती करने और बस्तियाँ बसाने में सहयोग देती थी, लेकिन उष्णकटिबंधीय क्षेत्र में भारी वर्षा लोगों को नियमित काम करने से रोक देती थी। यही कारण था कि गौतम बुद्ध प्रतिवर्ष वर्षाकाल में चार माह के लिए उपदेश देने एवं पर्यटन करने के कार्यक्रम स्थगित करके किसी स्थान पर वर्षावास करते थे। वे वर्षावास के लिए राजगृह, वैशाली और श्रावस्ती जैसे स्थानों में ठहर जाते थे। कहा जाता है कि उन्होंने श्रावस्ती में 26 वर्षावास किए। यह धारणा अभी भी कुछ लोगों को प्रभावित करती है कि भादो महीने (जुलाई-अगस्त) में विवाह संपन्न नहीं होते हैं।

कुछ अन्य प्राकृतिक संकट भारी वर्षा से भी अधिक अनर्थकारी होते हैं। इनके अंतर्गत बाढ़, तूफान और भूकंप का उल्लेख किया जा सकता है। (चंद्रगुप्त मौर्य का समय) उल्लेख है कि अधिकांश अकाल के बारे में ज्ञात होता है कि इस प्रकोप के समय अधिकांश जैन

धर्मावलंबी मगध छोड़कर दक्षिण भारत चले गए थे। अकाल दुर्भिक्ष, महामारी आदि के अन्य कारणों में युद्ध, विद्रोह, राजसत्ता के अत्याचार भी गिनाए जा सकते हैं।

प्राचीन भारत में नदियाँ ईश्वरतुल्य मानी जाती थीं। ऋग्वेद में सरस्वती नदी को देवी के रूप में चित्रित किया गया है, लेकिन वैदिकोत्तर काल में गंगा को मातृदेवी कहा गया, ऐसी परंपराएँ आज तक बरकरार हैं। चूँकि पृथ्वी और जल दोनों से वनस्पतियों और पशुओं का संपोषण होता है, इसलिए इन्हें माता का दर्जा दिया गया। हालाँकि इनमें से किसी को सुरक्षित रखने के लिए योजनाएँ बनाई गई हों, ऐसा कोई प्रमाण नहीं मिलता है।

अनेक वृक्ष, जिनमें नीम, पीपल, वट, शमी और तुलसी शामिल हैं, पवित्र माने जाते हैं। जड़ी-बूटियों के विषय में भी, जिनमें घास शामिल हैं, यही बात लागू होती है। औषधीय विशेषताओं के कारण इन सबका महत्त्व है। अतएव इनकी सुरक्षा की जाती है और इनकी पूजा होती है। बड़े और छोटे वृक्षों के संरक्षण की कामना अनेक प्राचीन ग्रंथों में की गई है। वृक्ष संरक्षण की अभिलाषा आज तक बरकरार है। आज भी बड़े-बड़े यज्ञों और छोटे-छोटे धार्मिक अनुष्ठानों के अंत में पुरोहित तथा उपासक जंगली वृक्षों और सामान्य वनस्पतियों की उन्नति तथा शांति की कामना करते हैं।

अधिकांश प्राचीन मूलग्रंथ गौहत्या की निंदा करते हैं। गौतम बुद्ध पहले व्यक्ति थे, जिन्होंने 'सुत्तनिपात' में गायों की सुरक्षा की आवश्यकता पर बल दिया। उन्होंने गोपालन के सद्गुणों का विस्तारपूर्वक वर्णन किया। उनके अनुसार गायें वनस्पतियों के बढ़ने और मनुष्यों को भोजन और बल देने में सहायता करती हैं। इसलिए उन्होंने लोगों से गौहत्या नहीं करने को कहा। ईसा की प्रारंभिक शताब्दियों में ब्राह्मण मूलग्रंथों ने बौद्ध धर्म की शिक्षा को धार्मिक रंग दे दिया। इनमें गाय की हत्या करनेवालों के

लिए अगले जन्म में भयानक दुष्परिणाम की चेतावनी दी गई है। निस्संदेह बुद्ध ने लोकहित में मात्र मनुष्य के कल्याण का विषय नहीं बनाया, बल्कि प्राणिमात्र संरक्षण के लिए अहिंसा, करुणा, प्रकृति-संरक्षण एवं परिस्थिति विज्ञान के नए आयामों की ओर सक्रियता जारी रखी। पेड़, पौधा, नदी, झील, सरोवर, वन, उपवन, पर्वत शृंखला आदि की स्वच्छता के लिए बुद्ध ने क्रांतिकारी अभियान चलाया। इस बहुआयामी विषय पर विचार करने के लिए बौद्ध वाङ्मय स्रोतों से परिपूर्ण है।

बौद्ध वाङ्मय में पर्यावरण के आलोक में विचार करने से प्रकृति के विभिन्न आयामों का उद्घाटन होता है। वन, उपवन, जंगल-संपदा, वृक्ष-विशेषों के नाम, सरोवर, नदी, झील, विशाल जलाशय, चारागाह, उद्यान आदि पर प्रकाश पड़ता है। पर्यावरण एवं प्रदूषण वर्तमान शताब्दी की विकराल समस्यामूलक विषय-वस्तु है। इस दृष्टि से बौद्ध वाङ्मय में इसके प्रचुर उद्धरण हैं। बुद्ध का संपूर्ण जीवनवृत्त पर्यावरण एवं पारिस्थितिकी या परिस्थिति विज्ञान के विषयों से ओत-प्रोत है।

बुद्ध, यानी गौतम सिद्धार्थ का जन्म लुंबिनी वन में हुआ, उनके महाभिनिष्क्रमण से लेकर राजगृह तक की यात्रा में जलाशयों, सरोवरों, उद्यानों, पर्वतमालाओं की छवि से परिचय होता है। गौतम सिद्धार्थ के जीवन-संघर्ष में ज्ञान की प्राप्ति पीपल वृक्ष की मनोरम छाया में हुई और निरंजना नदी की सदानीरा धारा में उन्होंने अपना भिक्षापात्र धोया। तीसरे चरण में उनके धर्मचक्र प्रवर्तन, यानी प्रथम उपदेश स्थल की छटा भी इसिपतन, यानी सारनाथ की प्राकृतिक छवि को दरशाती है। इसिपतन के नामकरण में प्राकृतिक शुद्धता से संबद्ध एक विशेष प्रकार की वायु के प्रवाह का वर्णन है, जो हिमालय से चलकर शीतलता का स्वच्छता एवं जीवोन्मेषिणी समीर-परिशोध के औषधीय गुणों से इस उपदेश को सराबोर करती थी। 'इसयो एत्थ निपतन्ति उप्पतन्ति चाति-इसिपत्तनम्' में इन सारगर्भित पर्यावरणीय तथ्यों को रूपांकित किया गया है। इस

प्राकृतिक प्रांगण में निर्भीक होकर मृगों के झुंड विचरते थे। इसी मनोरम वायु से सुगंधित वातायन में ऋषिगण आत्मपरिशोधन हेतु सुदूर क्षेत्रों से आते थे। इसी स्थल पर गंधमार्दन पर्वत समूह था, जो अन्य सात पर्वत शृंखलाओं से विभूषित था, इनके बीचोबीच अनोतत्त झील अवस्थित थी, जिसमें प्रत्येक बुद्ध ने स्नान किया था, सात-सात दिनों तक ध्यान करने के उपरांत मानव-आवासीय क्षेत्र में भिक्षाटन भी किया था। कभी-कभी इन सभी बुद्धों का अवतरण नंदमूलक-पब्भार से होता था।

अनोतत्त झील अथवा जलाशय के चारों ओर हरे-हरे रंगों से सुशोभित पौधों में विविध औषधीय गुणों के लता-वितान फैले हुए थे। इसके निकट जो ढलुआ स्थल था, उसका नाम नंदमूलक था, जहाँ सुवर्ण गुफा, मणि गुफा एवं रजत गुफा अवस्थित थीं। उन स्थानों में प्रत्येक बुद्ध रहते थे। मणि गुफा के प्रवेश द्वार पर मंजूसक नामक विराट् वृक्ष था, जो ऊँचाई एवं मोटाई में असाधारण था और इस विशाल वृक्ष पर उन फूलों को पुष्पित अवस्था में देखा जाता था, जो जल-थल में होते थे। इस अनुपम वृक्ष के चारों ओर रतनमाल नामक लता भी फैली हुई थी।

इस अतिशयोक्तिपूर्ण वर्णन में भले ही आज संशय का बोध होता है, लेकिन हजारों वर्षों के अंतर में ऐसे असंख्य भव्य और औषधीय गुणों के पेड़-पौधे विलुप्त हुए हैं, जिनका नामोल्लेख मौर्य सम्राट् अशोक ने अपने स्भांलिखों में किया है। Joseph Dalton Hooker की पुस्तक Himalayan Diary में जिन प्राणियों एवं पौधों की पहचान की गई है, इनमें मात्र दस प्रतिशत दुर्लभ अवस्था में देखे जाते हैं, जबकि ये सर्वेक्षण मुश्किल से डेढ़ सौ सालों पूर्व हुए थे। बौद्ध वाङ्मय में उल्लिखित ये पौधे भी इसी तरह की नियति से कालकवलित होते रहे हैं। आज सब पर्यावरणीय समस्या बन गए हैं।

बुद्ध के जीवन की अंतिम घटना, निर्वाण भी कुशीनगर के सालवन से संबद्ध है। कुशीनगर उन दिनों (ईसा पूर्व 543) मल्लों की राजधानी

थी, जो एक छोटी नगरी थी और जंगल के बीचोबीच अवस्थित थी, जहाँ छोटे-छोटे घर थे, घरों पर मिट्टी एवं गोबर के लेप लगाए थे, परंतु प्राकृतिक नीरवता, शांति में सब सुरक्षित थे। इस अंतिम निर्वाण-यात्रा पथ में कुकुट्ठा नदी प्रवाहित थी, जिसके किनारों पर आम्रवनों की श्रृंखला थी और उससे कुछ दूर हिरण्यवती नदी मल्ल नगरी के पास प्रवाहित थी। इसी जंगल-नद-नगरी के निकट दक्षिण-पश्चिम मल्लों के साल वृक्षों का उपवन था, जिसके दो विराट् साल वृक्षों के बीच बुद्ध ने अंतिम साँस ली। बुद्ध की जीवन-शैली पर्यावरण-संरक्षण एवं प्रकृति तादात्म्य का पर्याय थी।

बुद्ध जीवनपर्यंत अपने विचारों को जनसामान्य के बीच अभिव्यक्त करने के लिए सर्वदा सक्रिय रहे। इस भ्रमणशील कार्यक्रम में गाँव-गाँव, नगर-नगर में आम जनता को उन्होंने संबोधित किया। इस सिलसिले में उनको विचार-मंच या पंडाल-निर्माण की आवश्यकता नहीं पड़ी। 'करतल भिक्षा (भिक्षापात्र में) एवं तरुतल वास' उनका आदर्श था। स्वाभाविक रूप से उन्हें प्रकृति की गोद में ही प्रत्येक कार्यक्रम आयोजित करना पड़ा, बौद्ध साहित्य में इसके उदाहरण भरे पड़े हैं। इनके द्वारा प्रसूत नियम इसी विचार से प्रेरित थे। उनके द्वारा संगठित संघ, संघवासी भिक्षु-भिक्षुणियों में भी इसी आदर्श के प्रति समर्पण-भाव था। 'सुत्तनिपात' में एक रोचक वर्णन है, जब बुद्ध इच्छानंगल के वनखंड में विहार कर रहे थे। इच्छानंगल वनखंड में बुद्ध ने वर्षावास किया था और वहाँ इन्होंने गहन विपस्सना में समय व्यतीत किया था। इच्छानंगल कोसल देश में उकट्ठा के पास था। यहाँ बुद्ध ने तीन महीने तक पड़ाव डाला था। 'संयुक्त निकाय' में वर्णन है कि यह स्थान एकांत, मनोरम एवं हरियाली से ओत-प्रोत था। इसके अलावा जेतवन की अनुपम छवि, उसका रख-रखाव एवं उसके प्रति अनाथपिंडक का अभूतपूर्व त्याग बौद्ध वाङ्मय के पर्यावरण-संरक्षण को दरशाता है। बुद्ध के समय जेतवन श्रावस्ती

नगर का एक चौराहा था, जहाँ उद्यानों, जलाशयों एवं विविध पुष्प-वाटिकाओं की छवि विराजमान थी। इसका उन्नयन उत्तरोत्तर तब हुआ, जब पर्यावरण के अनुरागी और बुद्ध कामहान अनुगामी अनाथपिंडक ने अपना सर्वस्व न्योछावर करके संपन्न किया। इस प्रसंग का रोचक वर्णन राहुल सांकृत्यायन ने 'पुरातत्त्व निबंधावली' में प्रस्तुत किया है। जेतवन के निर्माण में उसने अट्ठारह करोड़ की राशि व्यय की। जेतवन विहार के निर्माण में भव्य प्रवेश-द्वार, आवासीय प्रकोष्ठ, सभागार, अन्नागार, स्नानघर, खुला हुआ स्थान, ढका हुआ छायादार ओसारा, कुआँ, व्यायामशाला आदि अतिरिक्त वास्तुशिल्पीय उन्नयन का मनोरम प्रावधान था। इन तमाम निर्माणों में उसने अलग से चौवन करोड़ की राशि खर्च की थी। पुरातात्त्विक स्रोतों में 'भरहुत स्तूप' पर की गई नक्काशी से इसका सत्यापन होता है। तिब्बती स्रोतों में 'दुल्व' के अनुसार जेतवन विहार में साठ छोटे-बड़े सभागार बने थे, प्रवेश द्वार पर प्रहरीगण नियुक्त किए गए थे। पर्यावरण-सिद्धांत के अनुसार जब सबकुछ संपन्न हो गया, तब रंगारंग महोत्सव के उपरांत इसे बुद्ध के संघ को दान कर दिया गया। 'विनयपिटक', 'महावंस', 'संयुक्त निकाय' जैसे बौद्ध साहित्य इसे प्रमाणित करते हैं। महावंस में जेतवन के भव्य पर्यावरणीय महत्त्व के कारण छह बार तथा 'सुत्तनिपात' में भी छह बार उल्लेख किया गया है।

जेतवन पुष्कारिणी (सरोवर) की शुद्धता के कारण इसमें बुद्ध यदा-कदा स्नान करते थे। इसके चारों ओर वृक्षारोपण करके इसकी हरियाली समृद्ध की गई, इस जेतवन विहार के प्रवेश द्वार पर बोधि वृक्ष की शाखा का समारोहपूर्ण वृक्षारोपण हुआ, ताकि इस क्षेत्र में अभद्र व्यवहार भविष्य में कोई न करे। कालांतर में इसका नामकरण भी 'अनाथबोधि' पड़ा। इसका पर्यावरणीय महत्त्व इतना बढ़ गया कि इसके पार्श्व से उच्चपथों का संबंध राजगृह, सारनाथ, वाराणसी, वैशाली आदि नगरों से हो गया। कालांतर में लुंबिनी और कपिलवस्तु के व्यापार मार्ग भी जुट

गए। इसका महत्त्व उत्तरोत्तर बढ़ता ही गया। यह स्थान शांत, निष्कंटक, सुख-सुविधाओं से संपन्न हो गया, जिससे दक्षिणापथ और उत्तरापथ में तक्षशिला के साथ भी जेतवन से गुजरने में महिमामंडित समझते थे। विहार संघाराम के निकट प्रशस्त आम्रवन, स्वच्छ जलधारा, बाल-उद्यान आदि होने से यात्रीगण निर्भीकता से विश्राम करते थे। 'दिव्यावदान' के अनुसार सारिपुत्त और मोग्गल्लायन की समाधियाँ और उनके द्वारा निर्मित प्रतीक भी जेतवन परिसर में अवस्थित थे, जो मौर्य सम्राट् अशोक के राजत्वकाल तक सुरक्षित थे। फाहियान (ई. सन् 399-414-15) और ह्वेनसांग (ई. सन् 628-647) ने भी इस महान् कीर्ति के दर्शनोपरांत यशगान किया है। पर्यावरण की दृष्टि से यह इतना मनोरम था कि बुद्ध ने अपने जीवनकाल के वर्षावासों में उन्नीस वर्षावास यहीं व्यतीत किए थे। देश-विदेश के बुद्ध-प्रेमी यहाँ की प्राकृतिक छटा, पर्यावरणीय विलक्षणताओं के वर्णन पढ़कर-सुनकर अकसर आते थे और अनुकरण करके अपने देशों में इस पर्यावरण-विज्ञान का प्रयोग करते थे।

श्रीलंका के अनुराधापुर में सर्वप्रथम जेतवन के प्राकृतिक और वास्तुशिल्पीय आदर्शों पर आधारित जेतवन विहार का निर्माण किया गया, जिसका निर्माता था, वहाँ का महासेन, जिसने दक्षिणाराम के बौद्ध संत तिस्स की प्रेरणा से स्थानीय पेड़-पौधों का आरोपण किया। इसमें सतत दीपोत्सव होता था, भिक्षुओं को चावल से तैयार (जावो) गोलत्थी प्रसाद का भोजन कराया जाता था। कालांतर में श्रीलंका के शासक मेघवर्ण ने इसकी श्रीवृद्धि की, एक महादानी उपासक महानागर ने ग्रामदान द्वारा जेतवन के प्राकृतिक शौर्य एवं पर्यावरणीय छवि को प्रोन्नत किया, जो श्रीलंका के इतिहास का महिमामंडित अध्याय बन गया।

बौद्ध वाङ्मय में राजगृह के वेणुवन, अन्य विविध उपवन, जलाशय, छोटी-बड़ी गरम जलधारा, प्रकृति-प्रदत्त पर्वतमालाओं का अतिरिक्त योगदान रहा है, जिससे बुद्धकालीन पर्यावरण-चेतना तथा

परिस्थिति विज्ञान की गाथा स्वर्णाक्षरों में उल्लेखनीय है। बुद्ध के चरित, उनसे जुड़े महान् व्यक्तियों ने इस विषय पर गंभीरता से चिंतन, मंथन और क्रियान्वयन किया, जिसके गंभीर परिणाम सामने आए। इस दृष्टि से वहाँ के तपोदाराम का विशिष्ट स्थान था। तापोदा एक शीतल जलाशय था, परंतु रहस्य लोहकुंभी निरयों से प्रकट होता है; लोहकुंभी धरती के गहवर (गहरे गर्भ) में, हजार योजन की गहराई में एक कुंड था, जो वास्तव में पिघली हुई धातु से स्पर्श होने के कारण तप्त (गरम) जलधारा का सदानीरा स्रोत था। स्पष्ट रूप से यह गंधक की खान पर अवलंबित तप्त जलधारा का स्रोत-सरोवर था। आज के राजगृह के गरम कुंड के बारे में भूगर्भ शास्त्रीय वास्तविकताओं को सत्यापित करते हुए बौद्ध वाङ्मय के तथ्य को वैज्ञानिक और भौतिक सत्य माना है। लोककुंभी जातक में इस विषयवस्तु को विस्तारपूर्वक प्रस्तुत किया गया है। इस तपोदा जलाशय के निकट तपोदाराम एक विख्यात बौद्ध विहार भी था, जहाँ बुद्ध अकसर एकांतवासीय विपस्सना की साधना करते थे। इस पर्यावरणीय छवि के प्रति मुग्ध होकर बुद्ध ने आनंद को एक कल्प तक वास करने का परामश भी दिया था, परंतु बुद्ध के साथ धर्म-व्यस्तता के कारण आनंद द्वारा इसका अनुपालन नहीं किया जा सका।

इस तपोदाराम के पार्श्व में एक तपोदाकंदरा भी थी, जो राजगृह से बाहर अत्यंत मनोरम विश्रामालय का नाम था। यहाँ नियमानुसार देर-विलंब से आनेवाले यात्रीगण देर रात विश्राम करते थे, क्योंकि राजगृह की नगरीय संरचना के अनुसार सुरक्षा के लिए प्रवेश द्वार बंद हो जाते थे। मोग्गलायन के जीवनवृत्त में वर्णन है कि तपोदा की गरम जलधारा के बारे में जब भिक्षुओं एवं उपासकों को संदेह होता था या यदि वे किसी चमत्कार या अंधविश्वास से प्रभावित होकर भामक चर्चा करते थे, तब लोहकुंभी निरय के रहस्यों को तार्किक एवं भौतिक तथ्यों को वैज्ञानिक प्रयोगों द्वारा उन्हें समझाया जाता था। इस विषयवस्तु को लेकर

'तपोदावत्थु' की रचना ही कर दी गई। पर्यावरण-संरक्षण की दृष्टि से तपोदा का महिमामंडित वैज्ञानिक विश्लेषण बौद्ध वाङ्मय का अनुपम अध्याय है, जो भारतीय साहित्य में बुद्धकालीन रचना के पहले नहीं था, यद्यपि यह वैज्ञानिक सच राजगृह की धरती पर मौजूद था। इस गरम जलधारा की औषधीय गुणवत्ता के बारे में जो वर्णन है, वह भारतीय विज्ञान के इतिहास में अद्वितीय अवदान माना जा सकता है। सर्वोपरि बौद्ध वाङ्मय में पर्यावरणीय चेतना तथा पारिस्थितिकी (Environmental Consciousness and Ecology) का महत्त्व अनुकणीय है। औद्योगिक प्रदूषण, नगर-जीवन के कोलाहल से प्रसूत ध्वनि-प्रदूषण, मानव मन की उत्तेजना के संकटों में बौद्ध चिंतन की दृष्टि, पर्यावरण-जागरूकता सर्वाधिक एवं सर्वमान्य विद्या रही है। आधुनिक ज्ञान-विज्ञान संवेदनशीलता से सोच-समझ तैयार कर रहा है।

बौद्ध वाङ्मय में पर्यावरण एवं परिस्थिति विज्ञान के प्रति जागरूकता से यह अभिप्राय भी प्रकट होता है कि बुद्ध के समकालीन जो भी सीमित संख्या में नगर थे, उनमें प्रदूषण के विभिन्न आयामों की त्रासदी आ चुकी थी। 'सुत्तनिपात' में नगरों की सूची में अयोध्या (साकेत), गोदावरी नदी तट पर अलकर नगरी, उज्जयिनी, कपिलवस्तु, कुशीनारा (कुशीनगर), कौशांबी, गया, गिरिव्रज (राजगृह), गोनद्ध, तुंबनगर, पावा, प्रतिष्ठान, वैशाली, भोगनगर, लुंबिनी, विदिशा आदि के नाम से आए हैं। इन नगरों की वास्तुशिल्पीय संरचना, स्वच्छता के रखरखाव में ध्वनि-प्रदूषण, पर्यावरणीय प्रदूषण आदि की समस्या नगर जीवन को अशांत कर चुकी थी। उस समय देश-काल-पात्र के परिप्रेक्ष्यों में महामारी, दुर्भिक्ष, मानव-निर्मित कोलाहल से इनकार नहीं किया जा सकता। 'महावंस' में कुशीनगर का तीस बार उल्लेख है, पाटलिग्राम का नौ बार, पावा का छह बार, बारानस्सेयक, यानी वाराणसी का पाँच बार, भोगनगर का चार बार, राजगृह का छह बार, वैशाली का इक्कीस बार उल्लेख है। इन

उल्लेखों का अभिप्राय नगर जीवन की व्यस्तताओं एवं दैनिक जीवन में अन्न, जल के उपभोग-जनित अवशिष्टों (कूड़ा, कचरा आदि) से परिचित कराना था। अवश्वघोष 'बुद्धचरित' में उपर्युक्त नगरों एवं नगर जीवन के सत्यापन-स्वरूप अंग (चंपा), आपण, इरावती नदी तट पर नगरियों का अवतरण, कपिलवस्तु, कुशीनगर, कौशांबी, नंदनवन में सरोवरों, उद्यानों का उल्लेख पर्यावरण-समस्या को रेखांकित करता है। इनके अलावा नदिका (गंगा नदी में राघोपुर दियारा-नगर), पाटलिपुत्र, सारनाथ, वाराणसी, कुशीनगर, श्रावस्ती के नाम आए हैं, जिनसे बौद्ध वाङ्मय में वर्तमान विधाओं (विषयों) पर प्रकाश पड़ता है।

बौद्ध वाङ्मय में पर्यावरण तथा पारिस्थितिकी के प्रति सर्वाधिक सक्रियता बौद्ध धर्म-अनुरागी सम्राट् मौर्य अशोक की थी। अशोक का शासनकाल (ई.पू. 269-232) उसका समर्पित जीवन केवल भारत में अपूर्व प्रयासों का इतिहास निर्माता नहीं था, बल्कि विश्व-इतिहास में अनुपम मानवीय प्रयास था, जो युग-युगांतर के लिए प्रेरणा-स्रोत बन गया। उसके विभिन्न अभिलेखों से इस पर अभूतपूर्व प्रकाश पड़ता है। पर्यावरण-संतुलन की दृष्टि से अशोक ने जो सुधार कार्य किए थे, वे अपने में अहम् और अपूर्व थे। अपने राजत्वकाल में छब्बीसवें वर्ष (ई.पू. 243) में उसने पाँचवें स्तंभाभिलेख को निर्गत करके प्राणी-संरक्षणार्थ वैसे बत्तीस प्राणियों का नामोल्लेख किया है, जो मानव-व्यवहार से अतिक्रमित होने के कारण अस्तित्व-लोप की दुरावस्था तक पहुँच गए थे। इनमें जलचर, थलचर, वायु परिचर जैसे सूक्ष्म प्राणियों के वध नहीं करने की अनुशंसा की गई है। उसके तेरहवें अभिलेख में उच्चपथों के निर्माण, जलाशयों, विश्रामगृहों, पशु-पक्षी एवं यात्रियों के लिए पेय स्वच्छ जलधाराओं के प्रावधान का उल्लेख है।

अपने पहले प्रस्तर अभिलेख में ही अशोक ने प्राणिवध पर निषेधाज्ञा जारी करके बड़ा ही मार्मिक ढंग से भाव प्रकट किया कि अब तक

(कलिंग युद्ध के तत्काल पहले) राजकीय पाकशाला में हजारों प्राणियों का वध करके मांसाहार की तैयारी होती थी। संभवत: सैनिक पाकशाला में यह मांसाहार बनता था, कढ़ी, झोल या रसदार शोरबा के लिए हिंसा की जाती थी, परंतु शीघ्र बाद में सब प्रतिबंधित हो गए और मात्र दो मयूरों एवं एक हिरण का वध होने लगा, जो बाद में बंद कर दिया गया। उसी प्रथम अभिलेख में यह भी दरशाया गया है कि पूर्वकालिक समाजों (अंधविश्वासों से ओत-प्रोत उत्सव एवं प्रदर्शन आदि) पर प्रतिबंध लगा दिया गया, क्योंकि लोग इन अवसरों पर सुरापान करके अभद्र व्यवहार करते थे और सार्वजनिक स्थानों पर अपशब्द भरे गाना-बजाना करते थे, पशु-पक्षी को परस्पर लड़ाते थे, जिसमें प्राणियों की मृत्यु हो जाती थी। ये सब अवसर होलिकोत्सव, कौमुदी महोत्सव, वसंतोत्व आदि के थे, जिनमें असामाजिक एवं भड़काऊ आचरण किए जाते थे, संस्कृति के नाम पर कुसंस्कृति का प्रचार होता था। अशोक ने चतुर्थ शिलालेख में मौर्य साम्राज्य के पूर्व मगधवासियों के द्वारा राज्याश्रय में किए जानेवाले रीति-रिवाजों, अन्य विसंगत व्यवहारों के प्रति पश्चात्ताप प्रकट करते हुए अपने समकालीन राजनायिकों, कर्मचारियों एवं वंशजों को धर्मानुशासन, धर्मानुचरण करने का आग्रह प्रकट किया तथा धर्मवृद्धि के लिए भेरिघोष (युद्ध का शंखनाद) की जगह धर्म घोष (धर्मप्रचार) अपनाने पर बल दिया। आठवें शिलालेख में उसने विहार-यात्रा (मन बहलाव के लिए जंगल में आखेट पर निषेधाज्ञा जारी की। इसके बदले उसने धर्मयात्रा पर विशेष बल दिया। स्वयं उसने बुद्ध के जीवन की चार घटनाओं से संबद्ध स्थानों (जन्म-स्थान लुंबिनी, ज्ञान प्राप्ति-स्थान बुद्धगया, प्रथम धर्मचक्र प्रवर्तन स्थल सारनाथ तथा निर्वाण-स्थल कुशीनारा) की यात्रा की, श्रमणों, ब्राह्मणों, वृद्धों स्थविरों आदि को दान तथा धर्मपरिपृच्छा (धार्मिक विषयों पर विमर्श) की अनुशंसा की। इन प्रयत्नों से अशोक के राजत्वकाल में पर्यावरण संरक्षण पर पर्याप्त प्रभाव पड़ा।

परिस्थिति-विज्ञान की दृष्टि से परिस्थिति, या अपने समकालीन अन्यत्र परिस्थितियों में शांतिपूर्ण हस्तक्षेप करके विश्वबंधुत्व, अंतरराष्ट्रीय मैत्री का उसने मार्ग प्रशस्त किया। इन कदमों से निश्चित रूप से विश्वशांति की दिशा में सर्जनात्मक कार्य हुए। पश्चिमी एशिया के तत्कालीन सीरियावासी राजा अंतियोक-II (ई.पू. 261-146), अथवा उसके पिता अंतियोक-I (ई.पू. 280-126) थे, मिस्रवासी राजा टॉलेमी-II (ई.पू. 285-247) था, मकदुनिया का राजा ऐंटिगोनस गोनाटस (ई.पू. 276-239) था, काइरिनी का राजा मगस (ई.पू. 300-250) था, एपिरस का राजा अलेक्जेंडर (ई.पू. 272-255) था तथा कॉरिंथ का राजा अलेक्जेंडर था, जिनके पास अशोक ने अपने राजदूतों को भेजकर परिस्थिति विज्ञान के आलोक में लोकहितकारी कार्यों को विदेशों में क्रियान्वित किया। सीरियावासी राजा के राज में पशु-चिकित्सा और मनुष्य चिकित्सा के विशेषज्ञों को नियुक्त किया। पश्चिमी एशिया के इन राजक्षेत्रों में अशोक ने शांति मैत्री के संबंधों को व्यावहारिक रूप दिया और मौर्याकालीन भारत के साथ आवागमन, सांस्कृतिक आदान-प्रदान हुए। इसका सबसे अधिक महत्त्वपूर्ण परिणाम यह हुआ कि इससे बौद्ध वाङ्मय की विचारधारा का प्रवाह उन देशों तक पहुँचा और लंबे काल तक बाहरी हमलों से तत्कालीन भारत मुक्त ही नहीं रहा, बल्कि राजनीतिक एवं राजनीतिकेत्तर गतिविधियों के मार्ग प्रशस्त हुए तथा आर्थिक विकास हुआ।

सम्राट अशोक ने तीसरी बौद्ध संगीति का आयोजन करके बौद्ध धर्म में प्रविष्ट दुर्गुणों का परिष्कार किया, दोषी-अपराधी भिक्षुओं को दंडित करके श्वेतवस्त्र पहना करके देश-निकाला तक किया। इसी संगीति के अंदर लिये गए निर्णयों के अंतर्गत उसने नौ दिशाओं में सुधारक दूतों को भेजा। इनमें कश्मीर-गंधार क्षेत्र की ओर मध्यंतिक को, कर्णाटक में महादेव को, वाराणसी की ओर रक्षित को, अपरांत क्षेत्र में धर्मरक्षित

को, योन, यानी हिंदयवनों के बीच महारक्षित को, हिमालय के पर्वतीय जनसमुदायों के बीच मध्यम को या म्याँमार (बर्मा) में महाधर्मरक्षित को तथा श्रीलंका (ताम्रपर्णी) की ओर इष्टिय, उष्टिया, संबल एवं भद्रशाल के साथ अपने पुत्र महेंद्र को भेजा। शीघ्र बाद, कालांतर में अशोक ने अपने पौत्र सुमन को श्रीलंका भेजा, जो अपने साथ बुद्ध का अस्थि-अवशेष तथा भिक्षापात्र लेता गया था। इन धरोहरों के संरक्षण के लिए श्रीलंका प्रशासन की ओर से विशेष स्तूपों का निर्माण किया गया। ई.पू. 251 में श्रीलंका के राजा देवानामपियदस्सी के आग्रह पर अशोक ने अपनी पुत्री संघमित्रा के द्वारा बुद्धगया के बोधिवृक्ष की शाखा को भेजा, जिसकी प्राणप्रतिष्ठा धूमधाम से वहाँ संपन्न की गई। उपर्युक्त तमाम पुण्यकार्यों के प्रति आभार प्रकट करते हुए, उपहार सामग्री के साथ श्रीलंका के राजा ने उद्गार प्रकट किया, "मैंने बुद्ध के शरणागत होकर धर्म एवं संघ का आश्रय ले लिया है तथा मैंने अपने को शाक्यपुत्र के धर्म का अनुयायी घोषित कर दिया है। अतएव, ओ सर्वश्रेष्ठ महापुरुष! आप भी हृदय से इन सर्वश्रेष्ठ धर्मरत्नों का आश्रय लें। इस प्रकार अशोक ने ऐसा पराक्रम कर दिखाया, जो कभी भी विश्व इतिहास में अन्यत्र नहीं पाया जाता।"

सम्राट अशोक के बाद कुषाण सम्राट् कनिष्क-I (ई. सन् 78-105) ने भी चतुर्थ संगीति का आयोजन किया, जो कश्मीर के श्रीनगर में कुंडलवन विहार में संपन्न हुआ। इसमें अश्वघोष की मूर्धन्य भूमिका थी। महाकवि कल्हण ने 'राजतरंगिणी' में उसे बौद्ध धर्म का महान् आश्रयदाता करार किया है। 'सद्धम्मसंग्रह' के पाँचवें परिच्छेद में चतुर्थ संगीति का वर्णन आया है। ह्वेनसांग ने इस चतुर्थ संगीति का जो वर्णन प्रस्तुत किया है, वह बौद्ध वाङ्मय में पर्यावरण-चेतना के इतिहास में कीर्तिमान है। तीसरे चरण में पुष्यभूति राजवंश के गौरवपुरुष हर्षवर्धन (ई. सन् 606-647) का नाम आता है, जिसके समय में ह्वेनसांग (ई.

सन् 629-647) ने भ्रमण करके बौद्ध वाङ्मय की अमर कीर्तियाँ विरासत स्वरूप प्रदान की हैं, जिसमें एक है उसका भ्रमण-वृत्तांत और दूसरी कृति है, उसकी 'जीवनी', जिसका लेखक उसका शिष्य हुईली था। इन दोनों ग्रंथों में बौद्ध वाङ्मय में पर्यावरण तथा परिस्थिति विज्ञान से संबद्ध अथाह शोध सामग्री है। ह्वेनसांग के सम्मान में जो कन्नौज की महायान सभा आयोजित हुई थी, उसका स्थान विश्व बौद्ध साहित्य में अमर हो गया। इस प्रकार के प्रयत्नों के अंतर्गत ब्राह्मणवादी लेखकों ने एक खलनायक विद्वान् शंकराचार्य (ई. सन् 788-820) को प्रस्तुत कर दिग्विजय की दुंदुभि का नाद करके हवाई वातावरण तैयार किया, जो बिल्कुल बीसवीं सदी के महाधीश किसी शंकराचार्य की कपोल कल्पना है। वास्तविकता यह है कि उस समय नालंदा महाविहार अपने चरमबिंदु पर था, बौद्ध वाङ्मय में प्रतिपाद्य विषयवस्तु के लिए पर्याप्त ऊर्जस्विता बरकरार थी। इस विषय पर राहुल सांकृत्यायन ने 'बुद्धचरित' की भूमिका में विस्तारपूर्व सामग्री एकत्र कर रखी है।

पिछले अनेक दशकों से जापान, कोरिया, ताईवान, थाईलैंड, वियतनाम एवं दक्षिणापूर्व एशिया के अन्य देशों ने बौद्ध वाङ्मय को आशातीत ढंग से समृद्ध किया है। खासकर जापान के उदारमना बौद्ध संगठन रिशों कोसेइकाई (Rissho Kossikai) ने अपने शताब्दियों के इतिहास में भगीरथ प्रयत्न किए हैं। एक पत्रिका (Dharma World: For living Buddhism and Interfaith Dialogue, Sept.-Oct., 1997) के अनुसार, रिशतों को सेइकाई के तत्त्वावधान में अभूतपूर्व कार्य किए गए, जो वर्तमानावस्था में पर्यावरण-पारिस्थितिकी के क्षेत्रों में अनुकरणीय है। इथियोपिया जब अनवरत अंतर्कलह और युद्ध के विनाश को झेल रहा था, तब इसी जापानी संस्था के समर्पित बत्तीस सदस्यों ने वहाँ के स्थानीय स्वायत्त संगठनों से कदम में कदम मिलाकर वृक्षारोपण करके वनसंपदा का संरक्षण किया था। उस समय इथियोपिया

1991 में भी भीषण दुर्भिक्ष, वर्षाभाव के कारण तबाही में था, वहाँ का तिग्रे प्रांत वीरान हो चुका था। इसी संस्था ने Relief Society of Tigre के सहयोग-समन्वय में 1993 से रातो-दिन परिश्रम करके तीस हजार वृक्षा रोपण किया, जिससे शीघ्र, कालांतर में सघन वनखंड का मधुर पर्यावरण पुनरुज्जीवित हो गया और वहाँ से पलायित पशु-पक्षी-जलचर-थलचर प्राणियों को पुनर्वास मिला। बौद्ध वाङ्मय में अंतर्निहित विचारधारा से प्रेरित होकर ही इस प्रकार की जो सक्रियता थी उसने असंभव को संभव बना दिया।

1992 में जब प्रथम पृथ्वी सम्मेलन का आयोजन रिओ-डी-जेनेरो (Rio-de-Jenero) में हुआ, तब एक प्रकार से पर्यावरण-संरक्षण की दिशा में भूमंडलीय क्रांति से पर्यावरण-संरक्षण की दिशा में भूमंडलीय क्रांति का माहौल प्रकट हुआ था। इसमें एक सौ तिहत्तर देशों में प्रतिनिधियों ने भागीदारी की थी, यद्यपि विश्व के कुछ अति धनाढ्य साम्राज्यवादी देशों ने इस शुभारंभ की घड़ी में ही अपनी मुनाफाखोरी की घटिया नीति का संधान करने की कोशिशें कीं और उसका जमकर विरोध करके उनकी मंशा को बौद्ध जगत् के प्रतिनिधियों ने प्रगतिशील खेमों के साथ मिलकर नाकाम कर दिया। दूसरा पृथ्वी सम्मेलन 1997 के जुलाई माह में (23 से 27 ता. तक) आयोजित हुआ, जिसमें इक्कीसवीं सदी 'पर्यावरण की शताब्दी' घोषित की गई। यह सबको मालूम है कि बीसवीं सदी दो महायुद्धों का विनाशकाल थी, जिससे पृथ्वी क्षत-विक्षत हो चुकी है, मानवता प्रकंपित हो चुकी है। इसी में यह भी निर्णय लिया गया कि जर्मनी का बून (Boon) नगर भूमंडलीय पर्यावरण-संरक्षण का केंद्र या मुख्यालय होगा और इस प्रकार 2000 में इक्कीस महानगरों के प्रतिनिधियों ने भाग लिया। इसके अंतर्गत सर्वेक्षण से पता चलता है कि नगरीकरण की सुख-सुविधाओं के जुटाने में पर्यावरण का सर्वाधिक होम होता है। इन तमाम घटनाओं से प्रेरित होकर थाई बौद्धों ने एक नया

इतिहास रच दिया, थाई जंगल-संपदा को वन-माफिया से बचाने के लिए भिक्षुओं ने विराट् वृक्षों को बौद्ध विधि से दक्षित करके गेरूआ चीवर पहनाना शुरू कर दिया, जिससे वन-पर्यावरण-संरक्षण की दिशा में क्रांति हो गई। थाई जंगलों में हिंसक पशु बाघों को भिक्षुओं ने शाकाहारी बनाकर चमत्कार प्रकट किए, जिसे सार्वजनिक समर्थन मिला।

गौतम बुद्ध के निर्वाण प्राप्त करने के पहले विभिन्न पशु-पक्षियों के रूप में उनकी विभिन्न योनियों में जीवन-यापन संगृहीत है। बुद्ध की शिक्षाओं में अहिंसा और करुणा पर विशेष जोर दिया जाता है। इसी तरह जैन संप्रदाय में भी अहिंसा और अपरिग्रह का पालन आस्थावान काफी कड़ाई के साथ करते हैं। इन नैतिक निर्देशों का ईमानदारी से अनुसरण करनेवाला कभी भी पर्यावरण को नुकसान नहीं पहुँचा सकता। इस संदर्भ में 'ईशावास्य' उपनिषद् का आरंभिक श्लोक विशेष रूप से उल्लेखनीय है, जिसमें विश्वव्यापी सजीव या निर्जीव चराचर सृष्टि के घनिष्ठ अंतःसंबंध को उजागर किया गया है और यह सलाह दी गई है कि व्यक्तिगत उपभोग त्याग की भावना के साथ ही किया जाना चाहिए—'ईशावास्यमिदम् सर्व यत्किंचित-जगत्यामजगत, तेन त्यक्तेन भुंजीथां मा गृध: कस्यस्विद् धनमा।' यही भोग राष्ट्रपिता बापू की उस सीख में भी है, जहाँ उन्होंने दो-टूक यह बात कही कि 'प्रकृति के भंडार में हर किसी की जरूरतें पूरा करने को यथेष्ट संसाधन है, पर किसी का भी लालच पूरा करने में यह भंडार असमर्थ है।'

❑

जैविक रक्षा और बौद्ध भैषज्य

महामानव बुद्ध को 'महावैद्य' और 'महाभिषक' कहा गया है। उनके भैषज्य का क्षेत्र व्यापक था। उस परिधि में केवल मनुष्य ही नहीं, पशु-पक्षी और अन्य जीव-जंतु भी आ जाते थे। उनका लक्ष्य 'सब्बे सत्ता सुखी होन्तु' अर्थात् सभी प्राणियों को सुखी बनाना था। लोकोत्तम पुरुष बुद्ध तो देवों और मनुष्यों के मार्गदर्शक (सत्या देव मनुस्सानं) थे। करणीयमेत्तसुत्त से बुद्ध के रोग निदान के विस्तार क्षेत्र का बोध होता है। इसमें कहा गया है कि जो प्राणी विशालकाय हैं, महाशक्तिमान हैं, मध्यम आकार के हैं, अणु के समान सूक्ष्म हैं, दिखाई पड़नेवाले हैं अथवा दिखाई नहीं पड़नेवाले हैं, दूर हैं अथवा समीप हैं, उत्पन्न हैं अथवा भविष्य में उत्पन्न होनेवाले हैं, वे सभी प्राणी सुखी हों। ऐसा व्यापक था बुद्ध का आयुर्विज्ञान प्रयोग का क्षेत्र।

शाक्य मुनि गौतम बुद्ध के पथानुगामी और विश्व इतिहास में भारत का प्रतिनिधित्व करनेवाले सम्राट् अशोक के अभिलेखों से भी बौद्ध चिकित्सा क्षेत्र की व्यापकता का पता चलता है। इसके दूसरे शिलाभिलेख से पता चलता है कि यात्रियों की सुख-सुविधा के लिए उसने सड़कों के किनारे छायादार वृक्ष लगवाए थे। पानी पीने के लिए कुएँ तथा बावलियाँ खुदवाई थीं, साथ ही मनुष्यों की चिकित्सा के साथ-साथ पशुओं की चिकित्सा का भी प्रबंध किया था। यही नहीं जहाँ-जहाँ औषधीय वनस्पति

जड़ी-बूटियाँ नहीं थीं, वहाँ-वहाँ उन्हें उगाने की व्यवस्था की थी। यह चिकित्सीय सुविधा उसने केवल अपने साम्राज्य में ही नहीं, अपितु पड़ोसी राज्यों में भी करवाई थी। मोटे तौर पर रोगी क्षेत्र दो हैं—प्रथम रोगी समाज और दूसरा रोगी व्यक्ति। भगवान् बुद्ध ने दोनों रोगी क्षेत्रों को देखा, समझा, औषधि-पत्र बनवाया और उपचार किया। कुशल वैद्य की यही उपचार प्रक्रिया है। तथागत ने भारत के रोगी समाज को देखा। तत्कालीन समाज में व्याप्त अंधविश्वासों और कर्मकांडों का निषेध किया। प्रचलित ब्राह्मणी वर्ण व्यवस्था में जन्म के आधार पर पूज्य और निंद्य, ज्येष्ठता और कनिष्ठता का खंडन किया और कर्म के आधार पर 'पूजा च पूजनीयानं' का सिद्धांत प्रतिपादित किया। उनके द्वारा की गई सामाजिक शल्यक्रिया का ही सुपरिणाम था कि भंगी जाति में उत्पन्न सुनीत और नाई जाति में जनमे उपाली स्थविर और विनय विनायक बन सके। यही नहीं; बुद्ध की इसी सामाजिक चिकित्सा द्वारा स्थापित मानवीय एकता, समानता और वैचारिक स्वतंत्रता का ही प्रभाव था कि उनके बाद ही अनेक शूद्र वर्ण में उत्पन्न लोग राजा और महाराजा बन सके। महापदमनंद और चंद्रगुप्त मौर्य तथा अशोक विख्यात ही हैं।

यहाँ इस विषयवस्तु का उद्देश्य बुद्ध की सामाजिक चिकित्सा का निरूपण करना नहीं है, बल्कि वैयक्तिक रोगों, उनके कारणों और उपचारों पर प्रकाश डालना है, ताकि उस पुराने चिकित्सीय ज्ञान से नए शोध की दिशा प्राप्त हो सके और लोग उस पर चिंतन-मनन कर उसे अधिक जीवनोपयोगी बना सकें। यद्यपि भारतेत्तर बौद्ध देशों में बौद्ध आयुर्विज्ञान को बहुत आगे ले जाया गया है, लेकिन भारत में अब भी इसके प्रति उदासीनता ही है। अत: सामाजिक चिकित्सा के प्रकरण को यहीं विराम देकर वैयक्तिक चिकित्सा तक ही सीमित रहना अपेक्षित है।

भगवान् बुद्ध के अनुसार रोग दो प्रकार के होते हैं—

(1) मानसिक, (2) शारीरिक।

मानसिक रोग (व्याधि) का प्रमुख कारण काम, चित्त पीड़ा या अनुराग है, जिसका निदान योग साधना (विपश्यना) के द्वारा किया जाता है।

शारीरिक रोग चार समूहों में वर्गीकृत है।

1. वातिका—वात या वायु विकार से उत्पन्न होनेवाले रोग
2. पैत्तका—पित्त संबंधी रोग
3. श्लेष्मिका—कफ संबंधी रोग
4. सान्निपातिका रोग

इन सभी रोगों में भूख सबसे बड़ा रोग है (जिघ्चिछा परमा रोगा), जिसको भोजन से ही दूर किया जा सकता है। जो सभी प्राणियों का जीवनाधार है (सब्बे सत्ता आहरट्टिलिका), लेकिन जीवन का आधार भोजन भी 'परिमित' ही श्रेयश्स्कर है। अधिक भोजन भी रोगोत्पादक है। उससे 'प्राणवायु' और 'अपानवायु' में रुकावट पड़ती है और तंद्रा बढ़ती है। पराक्रम का भी ह्रास होता है।

रोग

तथागत ने रोगों की उत्पत्ति का एक मुख्य करण वात, पित्त और कफ के अनुपात की विषमता (त्रिदोष) को बताया है। आँख, नाम, कान, जिह्वा, होंठ, दाँत, कंठ के रोगों, सिर दर्द, मस्तक दर्द, वात रोग, गठिया, पीलिया, भगंदर, ज्वर पित्ती, दाह ज्वर, क्षय रोग, अंग शून्यता, सर्प दंश, विषपान, संग्रहणी, बिवाई आदि से लोग पीड़ित होते थे।

सद्धर्म पुंडरीक में दंत, ओष्ठ, नासिका और मुख के विविध रोगों का उल्लेख इस प्रकार मिलता है।

दंत रोग

श्याम दंत, विषम दंत, पीत दंत, दुसंस्थत दंत, वक्र दंत, पतित दंत और खंड दंत।

ओष्ठ रोग

लंबोष्ठ, आभ्यंतर ओष्ठ, प्रसारितोष्ठ, खंडोष्ठ, वक्रोष्ठ और कृष्ण ओष्ठ।

नासिका रोग

चिपिट नास (चपटी नाक) बंक नास (टेढ़ी नाक)।

मुख रोग

दीर्घ मुख, बंक मुख, कृष्ण मुख, नाप्रियदर्शन मुख।

औषधियाँ

भिन्न-भिन्न रोगों के निदान के लिए अलग-अलग औषधियाँ दी जाती थीं। कुछ रोगों में कई दवाएँ एक साथ मिलाकर दी जाती थीं। विनय पिटक में औषधियों को निम्नलिखित प्रमुख श्रेणियों में विभाजित किया गया है—

मूल की औषधियाँ

इसमें हल्दी, अदरख, वच, अतीस, रवस, नागरमोथा आदि।

कषाय की दवाइयाँ

इन दवाइयों में नीम, कुटज, पटोल (परवल) आदि।

पत्तों की दवाइयाँ

ये दवाइयाँ नीम के पत्तों से, कपास के पत्तों से, परवल (पटोल) के पत्तों से, तुलसी की पत्तियों से बनाई जाती थीं।

फलों की दवाइयाँ

इनमें पिपली, मिर्च, आँवला, हर्रे, बहेड़ा, गोखरू (गोष्ठफल), विडंग आदि फल प्रमुख थे।

गोंद की दवाइयाँ

ऐसी दवाइयाँ भी बनाई जाती थीं, जिनमें हींग प्रसिद्ध ही है।

नमक की दवाइयाँ

समुद्री नमक, काला नमक, सेंधा नमक (सैंधव नमक), वानस्पतिक नमक, विडाल नमक आदि नमकों से बुद्ध और उनके शिष्य परिचित थे।

दाद, खाज, फोड़ा, फुंसी आदि पर चूर्ण का लेप करके उसे ठीक किया जाता था। चूर्ण बनाने के लिए ओखली और मूसल का प्रयोग होता था। छलनी या बारीक कपड़े से छानकर चूर्ण तैयार किया जाता था। आँखों की बीमारी के लिए अंजन बनाया जाता था। काल्पांजन, रस, अंजन स्रोत अंजन, गेरू अंजन आदि मुख्य थे। अंजन रखने के लिए 'अंजनदानी' और लगाने के लिए सलाई होती थी। उन्हें रखने के लिए थैली (अंशवट्टक) भी होती थी।

सिर दर्द उस युग में भी लोगों को पीड़ित करता था। उस दर्द को दूर करने के लिए सिर में लेप लगाया जाता था। सादे या मधयुक्त तेल की मालिश की जाती थी। घुआड़ भी सिर दर्द की दवा थी। जब इन दवाओं से सिर दर्द ठीक नहीं होता था, तब ऑपरेशन (शल्य कर्म) द्वारा उसे ठीक किया जाता था। वात रोग में तेल की मालिश की जाती थी। इस रोग में पसीना निकालने के लिए, गड्ढा खोदकर उसे गरमाकर, वात नाशक पत्तों से उसे भरकर उस पर रोगी को लिटाया जाता था, जिससे खूब पसीना निकलता था और रोगी ठीक हो जाता था। कभी-कभी कमरे को गरम पानी से गरमाकर उसमें रोगी बैठाया या लिटाया जाता था। वात नाशक पत्तों का क्वाथ (काढ़ा) बनाकर शरीर पर मलकर भी पसीना (स्वेद) निकाला जाता था। इन स्वेद विधियों को संभार स्वेद, महास्वेद उदक, कोट्ठक और मंगोदक कहा गया है।

भगंदर जैसे गुह्य स्थलों के रोगों के लिए शल्य कर्म का निषेध था, क्योंकि ये स्थान बहुत नाजुक होते हैं। इसलिए इन्हें लेप द्वारा ही ठीक किया जाता था। जीवक ने मगधराज बिंबिसार के भगंदर रोग को लेप द्वारा ठीक किया था। पांडु रोग में गौमूत्र के साथ हर्रे मिलाकर पिलाई जाती

थी। ज्वर मित्ती रोग में शरीर पर लाल चकत्ते पड़ जाते थे। इस पर गंधक का लेप लगाया जाता था।

विषनाशक औषधियाँ गोबर, मूत्र, राख और मिट्टी को शोध कर बनाई जाती थीं। अंग शून्यता (अभिसन्न) में जुलाब (रेचक) दिया जाता था। दाह ज्वर की औषधि, गोशीर्ष चंदन थी। इसी प्रकार क्षय रोग के लिए गन्ने का रस (ईख रस) बहुत ही लाभकर था।

दिव्यावदान से ज्ञात होता है कि घी में पकाकर 'सूरया' पीने से बुद्धि बढ़ती थी। प्रभास्वरा के सेवन से बल, वीर्य, तेज और नेत्र ज्योति बढ़ती थी। इसी प्रकार सर्प विष दूर करने के लिए 'संजीवनी' और आँखों के लिए 'अमोघा' प्रचलित औषधियाँ थीं। उपर्युक्त सभी औषधियों को इस समय पहचानना आयुर्वेदाचार्यों के लिए भी आसान कार्य नहीं है।

औषधियों की प्रयोग विधि पर भी बौद्ध साहित्य से स्पष्ट प्रकाश पड़ता है। यह पता चलता है कि कुछ दवाएँ पीसकर, अन्य द्रव्यों के साथ मिलाकर, पकाकर आम रस में मिलाकर, शलाका द्वारा शरीर में बेधकर; भोजन में मिलाकर, पानी में मिलाकर, कुशाग्र द्वारा गोलियाँ (गुटिका) बनाकर, शिला पर पीसकर प्रयोग की जाती थीं।

शल्य चिकित्सा

बौद्ध भैषज्य का एक अंग शल्य चिकित्सा या शल्य कर्म (सत्थकम्म) भी है, जिसे इस समय 'ऑपरेशन' कहा जाता है। शल्य चिकित्सा के क्षेत्र में जीवक का नाम सर्वोपरि है, जिसने चिता पर रखी एक स्त्री के पेट का 'ऑपरेशन' (शल्य कर्म) करके उसके पेट से जीवित शिशु को निकाल लिया था। इसी प्रकार वाराणसी के एक लड़के की आँत में गाँठ पड़ गई थी। उस लड़के के पेट का ऑपरेशन करके आँत की गाँठ को खोलकर और ठीक करके पेट को सिलकर मलहम-पट्टी करके ठीक कर दिया था। साकेत की एक महिला के सिर के सात साल

पुराने सिर दर्द को शल्य कर्म द्वारा ही जीवक ने ठीक किया था।

शल्य क्रिया में काम आनेवाली सामग्री का भी विनय पिटक में विस्तृत विवरण प्राप्त होता है। घाव को साफ करने के लिए औषधियुक्त गरम पानी, मलहम (तिलकल्क) रुई का फाहा (कबलिक) चौड़ी पट्टी (ब्राणबंधनचोल), पतली पट्टी (विकसिक) घावपूरक तैल अंग (ब्रणवोपड़ तैल) की आवश्यकता होती थी। घाव को खुजलाने के लिए सरसों की पिंडी (सासपकुंडी) रहती थी। नाखून से घाव खुजलाने से विष बन जाने का डर रहता था।

कौमार भृत्य

बौद्ध भैषज्य का एक अंग कौमार भृत्य या शिशु जनन विद्या भी है। इस विद्या में पारंगत होने के कारण जीवक का नाम ही जीवक कौमार भृत्य पड़ गया था। शिशु जन्म के समय, गर्भ में पुत्र है अथवा पुत्री, जन्म आठ, नौ या दस महीने में होगा आदि बातों का पता कुशल वैद्य लगा लेते थे। गर्भावस्था में स्त्री के लिए अधिक नमकीन, अधिक तीखा, मीठा, कसैला, खट्टा खाना हानिकर बताया गया है।

इस प्रकार जैविक रक्षा के लिए बुद्ध और उनके अनुयायियों ने विविध प्रकार के रोगों के लिए अलग-अलग औषधियों की खोज कर मनुष्य को रोग मुक्त होकर सुखी और दीर्घ जीवन जीने का मार्ग प्रशस्त किया। प्राणी-जगत् के लिए यह उनकी महान् देन है।

◻

अभिधर्म कोश : एक अध्ययन

बौद्ध साहित्य, मूलतः पालि में लिखा गया, परंतु ईसवी सन् के प्रारंभ में संस्कृत भाषा के बढ़ते प्रभाव से बौद्ध धर्म भी वंचित रह न सका। फलतः बौद्ध धर्म के कार्य-कलाप भी संस्कृत में लिपिबद्ध किए जाने लगे। संस्कृत भाषा में प्रामाणिक बौद्ध साहित्य के सृजन के लिए कश्मीर के कुंडल वनविहार में चतुर्थ बौद्ध संगीति का आयोजन किया गया। कुषाण सम्राट् कनिष्क के संरक्षण में आयोजित इस संगीति के अध्यक्ष प्राचार्य वसुमित्र थे। अश्वघोष इसके उपाध्यक्ष थे। गुप्तकाल में संस्कृत साहित्य की विशेष उन्नति हुई। समुद्रगुप्त के समकालीन और चंद्रगुप्त द्वितीय के शिक्षा गुरु बसुबंधु के अनेक संस्कृत ग्रंथों में एक 'अभिधर्म कोश' भी था, जिसने अपने दार्शनिक तत्त्वों के कारण विश्व के विद्वानों का ध्यान आकर्षित किया है, परंतु इसकी भौगोलिक निधि की ओर विद्वानों का यथोचित ध्यान न जा सका, यद्यपि इसका 'लोक धातु निर्देश' नामक तृतीय कोशस्थान प्राचीन भारतीय भौगोलिक दृष्टि से अत्यंत महत्त्वपूर्ण है। इसमें द्वीपों की स्थिति, उनका विस्तार, पर्वत नदियों और सृष्टि उत्पत्ति का वर्णन प्राप्त होता है।

ब्रह्मांड

अभिधर्म कोश, पृथ्वी, जल, तेज और वायु इन चारों को धातु की

संज्ञा देता है, जिनसे ब्रह्मांड बना है। कांचनमयी भूमंडल का विस्तार 3,20,000 योजन बताया गया है। अपरिमेय (असंख्य) वायु मंडल का अर्द्धभाग 16,00,000 योजन गंभीर था। इस जलमंडल में भी 11,20,000 योजन अथाह और 8,00,000 योजन उथला था। सूर्य और चंद्रमा द्वारा मेरु पर्वत के चारों ओर के परिभ्रमण मार्ग को क्रमशः 51 योजन तथा 50 योजन बताया गया है।

महापृथ्वी

महापृथ्वी को समुद्र तक विस्तृत बताया गया है। (आसमुद्रास्थि विस्तार) अश्वघोष ने भी पृथ्वी को 'समुद्र वसना' कहा है। यह धरती है, जो सभी लोगों को धारण करती है। (पृथ्वी वर्ण संस्थान) इसका गुण कठिन स्वभाव बताया गया है, जबकि जल का गुण आर्द्रता बताया गया है। संपूर्ण पृथ्वी दो अर्ध-उत्तरार्ध और दक्षिणार्ध में विभक्त थी। जब सूर्य उत्तरायण में होता है, तब उत्तरी भाग में दिन बड़ा और रात्रि छोटी और जब सूर्य दक्षिणायन होता है, तब उत्तरी भाग में रात्रि बड़ी और दिन छोटा होने लगता है।

चतुर्द्वीप

बौद्ध साहित्य पृथ्वी को चतुर्द्वीपा बताता है, जबकि महाभारत और पुराणों में उसे सप्तद्वीपा कहा गया है। अश्वघोष ने भी पारंपरिक सप्त द्वीपों का संकेत किया है, परंतु बौद्धाचार्य वसुबंधु ने पालि बौद्ध साहित्य के अनुरूप ही पृथ्वी को 'चतुर्दीपक' बतलाया है, जिससे प्रसिद्ध चार महाद्वीपों का ही बोध होता है। केवल विशेषता यह है कि अभिधर्म कोश में चारों द्वीपों का अलग-अलग आकार और विस्तार दिया गया है। ये चारों द्वीप-जंबूद्वीप, पूर्व विदेह, अवर (अपर) गोदानीय तथा उत्तर कुरू हैं।

चारों द्वीपों में समान समय पर अर्धरात्रि, सूर्योदय, सूर्यास्त और

मध्याह्न होता था। जब जंबूद्वीप में मध्याह्न काल होता था, उसी समय उत्तर कुरू में अर्धरात्रि, पूर्व विदेह में सूर्यास्त और गोदानीय में सूर्योदय होता था।

मेरु पर्वत की प्राय: पहचान पामीर के पठार से की जाती है। समय की गति के साथ-साथ प्राकृतिक शक्तियों से घिसता हुआ वह आज भी विद्यमान है।

जंबूद्वीप

यह मेरु पर्वत के दक्षिण में स्थित था, जिसे 'शकटाकृति' अर्थात् बैलगाड़ी के आकार का कहा गया है। उसकी तीन भुजाओं में से प्रत्येक भुजा 2,000 योजन तथा एक भुजा 3½ योजन लंबी थी। यह चौथी भुजा दक्षिण भारत का कुमारी अंतरीपवाला भाग ही है। ललित विस्तार में इस द्वीप का क्षेत्रफल 7,000 योजन बताया गया है। यह सभी द्वीपों में प्रमुख था, जिसे देवलोक कहा गया है। यहाँ के मनुष्यों की लंबाई साढ़े तीन से लेकर चार हाथ तक बताई गई है। यहाँ के लोगों की आयु अनिश्चित थी (जंबूद्वीप मनुष्यणं आजुर्ग निश्चितम्।)।

पूर्व विदेह

अभिधर्म कोश में इसे प्राग्विदेह भी कहा गया है। यह मेरु पर्वत के पूर्वी भाग में चंद्राकार रूप में स्थित था (प्राग्विदेहार्ध चंद्रवत) इसकी भी तीन भुजाओं में से प्रत्येक भुजा 2,000 योजन और एक 350 योजन लंबी थी।

यह एशिया का पूर्वांचल ही है। इसका विस्तार भी हजार योजन बताया गया है। यहाँ के मनुष्यों की ऊँचाई 7-8 हाथ होती थी। उनकी आयु 500 वर्ष मानी गई है।

अवर गोदानीय

इसे अपर गोदानीय भी कहा गया है। यह मेरु के पश्चिम में स्थित था, जिसका आकार मंडलाकार था, जिसकी परिधि 7,500 योजन और उसका व्यास 2500 योजन था। ललित विस्तार में इस महाद्वीप का विस्तार 8 हजार योजन बताया गया है। यहाँ के लोगों की ऊँचाई 14-16 हाथ तक बताई गई है, जिनकी आयु 250 वर्ष मानी जाती थी।

उत्तर कुरु

उत्तर कुरु द्वीप मेरु पर्वत के उत्तर में स्थित वर्गाकार द्वीप था, जिसका प्रत्येक पार्श्व 2,000 योजन लंबा था। पूर्व सीमामान 8000 योजन था। यहाँ के निवासी कौरव कहलाते थे, जो 28-32 हाथ तक ऊँचे होते थे। यहाँ की जलवायु बहुत ही स्वास्थ्यवर्धक थी। मनुष्यों की आयु 1000 वर्ष थी। दिव्यावदान से ज्ञात होता है कि मांधाता ने उत्तर कुरु महाद्वीप की विजय सुमेरु पर्वत को पार करके की थी। चंपा पुष्प के लिए यह द्वीप अत्यंत प्रसिद्ध था। यह उत्तरी कोरिया का विस्तृत भू-भाग प्रतीत होता है, जो आज भी अपने पुराने नाम को धारण किए हुए है।

अंतर्द्वीप

इन चार महाद्वीपों के साथ-साथ अभिधर्म कोश आठ अंतर्द्वीपों का भी उल्लेख करता है। प्रत्येक महाद्वीप के समीपस्थ दो अंतर्द्वीप थे। देहा, विदेहा, पूर्व विदेह से, कुरवा: कुरवा:, उत्तर कुरु से, चामरा, अवर चामरा, जंबूद्वीप से, तत्राशाठा और उत्तर मंत्रिणा, अवर गोदानीय से संबद्ध थे। वायु पुराण में 8 उपद्वीपों का उल्लेख मिलता है, परंतु वे इनसे बिल्कुल भिन्न हैं, जो जंबूद्वीप से ही संबद्ध बतलाए गए हैं।

पर्वत व नदियाँ

नदियों का सांस्कृतिक प्रगति में महत्त्वपूर्ण योगदान रहा है। प्राचीन

सभ्यताएँ नदियों की घाटियों में ही फली-फूली थीं। पर्वत, नदियों का स्रोत रहे हैं, अस्तु दोनों का सह-अस्तित्व सिद्ध है।

मेरु पर्वत सभी पर्वतों में श्रेष्ठ था, जिसे विश्व का केंद्रस्थल माना जाता था। इसके चार पार्श्व, चार प्रकार की धातुओं के स्वरूप थे। इसका उत्तरी भाग सुवर्णमयी पूर्व भाग रजमयी, दक्षिणी भाग नील मणिमयी और पश्चिमी भाग वैटूर्यमयी था। नीलमणिमयी पार्श्व के सम्मुख जंबूद्वीप स्थित था। मेरु पर्वत का विस्तार 80,000 योजन था। इसे सुमेरु पर्वत राज भी कहा गया है। सुमेरु पर्व के क्षेत्र में 500 ऋषि चिंतन कर रहे थे। (समेरु परिठाण्डायों पंच ऋषि शतानि ध्यापयन्ति) इसके साथ ही युगंधर, ईषाधर, खदरिक, सुदर्शन, अश्वकर्ण, विनतक और निमिंधर पर्वतों का भी उल्लेख मिलता है। मेरु पर्वत सात कंचन पर्वतों (सप्त हेमा:) से आवृत्त। (सुमेरु पर्वत राजा सप्त कांचन पर्वत परिवृत:) था। अभिधर्म कोश के इन सब पर्वतों को महावस्तु में द्वीपांतरिक पर्वत (सप्तपर्वता द्वीपांतरिका) कहा गया है। चक्रवाल (चक्रवाड) वह पर्वतमाला थी, जो पृथ्वी की परिधि को दीवार की भाँति घेरे हुए थी। इसे प्रकाश और अंधकार की सीमा माना जाता था। जे.जे. जोंस महोदय का कथन है कि अगणित चक्रवाल थे और प्रत्येक चक्रवाल में चार महाद्वीप (जंबूद्वीप, पूर्वविदेह, अपर गोदानीय और उत्तर कुरु) स्थित थे।

अभिधर्म कोश, महावस्तु और दिव्यावदान के पर्वतों की तुलनात्मक तालिका इस प्रकार प्रस्तुत की जा सकती है।

तुलनात्मक सप्त पर्वत तालिका

	अभिधर्म कोश		दिव्यावदान		महावस्तु
1.	युगंधर	1.	निकमंधर	1.	निमिंधर
2.	ईषंधर	2.	विनतक	2.	युगंधर
3.	खदिरक	3.	अश्वकर्ण	3.	इषंधर

4.	सुदर्शन	4.	सुदर्शन	4.	खदिरक
5.	अश्वकर्ण	5.	खदिरक	5.	अश्वकर्ण
6.	विनतक	6.	ईषाधर	6.	विनतक
7.	निमिंधर	7.	युगंधर	7.	सुदर्शन

उपर्युक्त सातों पर्वतों में प्रत्येक का परिमाण अपने से पूर्व का आधा था। उदाहरणार्थ सुमेरु से युगंधर पर्वत अर्धांश 40000 योजन था। युगंधर पर ही अस्सगुत ने राजा मिलिंद को तर्क परीक्षा में पराजित करने के लिए भिक्षुसंघ की एक सभा की थी। डॉ. अग्रवाल के अनुसार यह पर्वत अंबाला जिले में सरस्वती और ऊपर यमुना के मध्यम में स्थित था, जहाँ जगधारी आज भी युगंधर की स्मृति दिलाता है। शेष पर्वत मालाओं को यद्यपि विस्तार दिया गया है, परंतु उनकी पहचान नहीं हो सकी है।

इस सुमेरु श्रृंखला के अतिरिक्त कोटाद्रि, हिमवान और गंधमादन पर्वतों का भी उल्लेख हुआ है। जंबूद्वीप के उत्तरी भाग में नवकोट पर्वत स्थित था। कोट या कोड़े के समान आकृति होने के कारण इसको कोट पर्वत या कोटाद्रि कहा गया। उसके उत्तर में हिमवान था, जो हिमालय पर्वत ही है। हिमालय के उत्तर में पचास योजन के विस्तार में अगाध अनवतप्त नाम सरोवर था, जिसके बाद गंधमादन पर्वत स्थित बताया गया है, जहाँ जिस अगाध सरोवर का उल्लेख है, वह 'सरराज' मानसरोवर ही है। गंधमादन को रुद्रहिमालय का ही एक भाग माना जाता है।

अभिधर्म कोश के एक श्लोक में कुकूल, कुण्य, क्षूरमार्ग और शीला नदियों का उल्लेख है। शीला नदी की पहचान डॉ. अग्रवाल ने यारकंद नदी से की है। शेष नदियों की पहचान नहीं हो सकी है। ये भारत में प्रवाहित नदियाँ नहीं प्रतीत होतीं।

ग्रंथ में सुदर्शन नगर का उल्लेख मिलता है। अन्य संस्कृत बौद्ध ग्रंथों में इसे जेतवन के समीप बताया गया है। दिव्यावदान में, कुशावती (कुशीनगर) का एक नाम सुदर्शन भी बताया गया है। ग्रंथ के अंतिम श्लोक में कश्मीर का वर्णन है। जहाँ के वैभाषिकों को नीतिसिद्ध (कश्मीर वैभाषिक नीति-सिद्धिः) बताया गया है।

☐

बौद्ध धर्म-दर्शन : एक विज्ञान

बौद्ध धर्म-दर्शन एक विज्ञान (Science) है, जिसमें बौद्धिक विश्लेषण के पश्चात् ही किसी बात को स्वीकार किया जाता है। इसमें किसी चीज को परख की कसौटी पर ठीक-ठीक जाँचने के बाद ही उसे माना जाता है। पहले जानकर तब माना जाता है। विज्ञान की परिभाषा के अनुसार, "विज्ञान ऐसे क्रमबद्ध ज्ञान को कहते हैं, जो प्रकृति (Nature) एवं ब्रह्मांड (Universe) की संपूर्ण गुत्थियों के संबंध में अधिक-से-अधिक ज्ञान प्राप्त करने हेतु विवश करता है।" ऑक्सफोर्ड एडवांस्ड लर्नर्स डिक्शनरी में विज्ञान को इस तरह से परिभाषित किया गया है, "प्रयोग के द्वारा प्रमाणित किए जा सकनेवाले तथ्य के आधार पर प्राकृतिक और भौतिक जगत् की संरचना और व्यवहार के संबंध में ज्ञान को विज्ञान कहते हैं।" अर्थात् विज्ञान किसी बात को केवल आस्था और विश्वास के आधार पर नहीं मानता है, बल्कि उसकी सत्यता की जाँच करता है। बौद्ध धर्म भी यही उपदेश देता है।

बुद्ध कहते हैं कि प्रत्येक घटना के पीछे कोई-न-कोई कारण होता है, बगैर कारण कोई घटना नहीं घटती, उस कारण को जानने की जिज्ञासा ही विज्ञान है और यही बौद्ध धर्म के इस दर्शन को 'प्रतित्यसमुत्पाद' कहते हैं। इसमें कार्य-करण प्रभाव (Law of cousetivity) का महत्त्वपूर्ण विश्लेषण हुआ है। इसे सापेक्ष कारणवाद भी कहा गया है।

प्रतित्यसमुत्पाद का अर्थ है—'प्रतित्य' = इसके होने पर और 'समुत्पाद' = उत्पत्ति अथवा प्रादुर्भाव, यानी 'किसी कारण के होने पर किसी घटना की उत्पत्ति।' प्रतित्यसमुत्पाद बुद्ध के समस्त दर्शन की आधारशिला है। इसके महत्त्व को समझाते हुए बुद्ध कहते हैं, "जो प्रतित्यसमुत्पाद को देखता (समझता) है, जो धर्म को समझता है, वह मुझे समझता है।" प्रतित्यसमुत्पाद का दूसरा नाम क्षणिकवाद अथवा शून्यता है, क्योंकि यह बार-बार विनाशशील वस्तुओं की उत्पत्ति के सिद्धांत का निरूपण करता है। पदार्थ न तो बिना कारण उत्पन्न होते हैं और न ही स्वयं उत्पन्न हो सकते हैं, अत: सहेतुक (किसी कारणवश) उत्पन्न पदार्थ विनाशशील होते हैं और ऐसे क्षणभंगुर पदार्थों की उत्पत्ति बार-बार होती है। इस प्रकार प्रतित्यसमुत्पाद का सिद्धांत क्षण-क्षण एवं पल-पल में होनेवाले परिवर्तनों पर विश्वास करता है। इससे उपनिषदों में वर्णित आत्मा-परमात्मा की अजरता, अमरता और शाश्वतवाद का सिद्धांत एक चुटकी में चटख जाते हैं।

अनिच्चा वत संखारा उत्पाद वय धम्मिनो।
उपज्जित्वा निरूज्झन्ति तोंग वुपसगो सुखो॥

अर्थ—सभी संस्कार अनित्य (नाशवान) हैं, उत्पन्न और नष्ट होना उनका स्वाभाविक गुण है। उत्पन्न होकर वे शांत हो जाते हैं। उनका सर्वथा शांत हो जाना परम सुख है।

यह जगत् कुम्हार के चाक पर गढ़े गए मिट्टी के टहरी के जैसा तुरंत नहीं निर्मित हुआ है; इसका क्रमिक विकास हुआ है। इसके विकास में करोड़ों, अरबों वर्ष लगे हैं। यह सब पदार्थों में होनेवाले पल-पल परिवर्तन के नियम के कारण ही संभव हुआ है। संसार के विकास के इस सिद्धांत को विज्ञान की मुहर लग चुकी है। अत: इस परिवर्तन के नियम के अनुसार उपनिषद् के शाश्वत और अविनाशी (नित्य) आत्मा-परमात्मा के अस्तित्व के सिद्धांत खारिज हो जाते हैं। जब ईश्वर ही नहीं तो ईश्वर द्वारा संसार के निर्माण का प्रश्न कैसा?

संसार के प्रत्येक भौतिक पदार्थ में लगातार हर क्षण परिवर्तन हो रहा है। यह परिवर्तन इतना द्रुत गति से हो रहा है कि हम इसे नंगी आँखों से देख नहीं सकते। विज्ञान के अनुसार प्रत्येक तत्त्व छोटे-छोटे असंख्य अणुओं (Molecule) के मेल से बने होते हैं। अणु के आविष्कारक मैक्सवैल थे, जिन्हें लगता था कि अणु ही अंतिम अविनाशी सत्ता है। इसके खंड नहीं हो सकते, परंतु बाद में अणु से भी छोटा कण खोज लिया गया, जिसे परमाणु (Atoms) नाम दिया गया। जे.जे. थॉमस ने मैक्सवैल के अणु पर हथौड़ा चलाकर उसे परमाणु में खंड-खंड कर दिया। परिवर्तन चक्र न केवल वस्तुओं में ही होता है, अपितु सिद्धांतों में भी होता है। इसी सिद्धांत के तहत अणु चकनाचूर होकर परमाणु के रूप में अस्तित्व में आए। प्रत्येक परमाणु के भी खंड हुए तो इलेक्ट्रॉन (Electron) के प्रोटॉन (Protons) और न्यूट्रॉन (Neutron) निकले। इलेक्ट्रॉन परमाणु के चारों तरफ चक्कर लगाते हैं और शेष दो कण केंद्र (Nucleus) में रहते हैं। अब हिग्स-बोसोन कण खोजा गया है और समझा जाता है कि इसी से ब्रह्मांड का निर्माण हुआ है, अर्थात् यही वह पदार्थ का सूक्ष्मतम कण है, जिससे पदार्थों में भार पैदा होता है। इस प्रकार एक खोज के बाद दूसरी खोज होती रहती है, यानी कोई सिद्धांत अंतिम नहीं, सतत परिवर्तनशील होता है।

किसी वस्तु में पल-पल होनेवाला परिवर्तन इसी चक्कर लगाते इलेक्ट्रॉन के कारण होता है। यह चक्कर इतना तेज होता है कि बाहर से वस्तु स्थिर लगती है। विद्युत से चलनेवाला पंखा, जब खूब तेज घूमता है तो ऐसा प्रतीत होता है कि उसके सारे पत्तर (Blades) अनेक न होकर एक ही हैं; परंतु जो दिखता है, वैसा है नहीं और जैसा है, वैसा दिखता नहीं है। विज्ञान भी इस सिद्धांत को मानता है कि कोई अंतिम तत्त्व अनेक होकर एक जैसा लगने वाला होता है। यह नियम संसार के सारे भौतिक पदार्थों पर लागू होता है। मानव शरीर में भी ऐसा ही परिवर्तन लगातार होता रहता है। कोशिकाएँ टूटती-बनती रहती हैं, पुराने के स्थान पर नया उत्पन्न

होता रहता है। लाल रक्त-कणिकाओं (Red Blood Carpusles) के टूटने-बनने के कारण एक स्वस्थ व्यक्ति प्रत्येक नब्बे दिन के बाद अपना रक्तदान कर सकता है, क्योंकि आर.बी.सी. की अधिकतम आयु 120 दिन ही होती है। दिलचस्प बात है कि शरीर के भीतर होनेवाले इन सब परिवर्तनों से व्यक्ति अनजान रहता है, उसे महसूस नहीं होता है। वह इसी नियम के तहत जन्म और मृत्यु के बीच की दूरी तय करता है। बुद्ध कहते थे, "जितनी देर मुझे चुटकी बजाने में लगती है, उतनी देर में शरीर के असंख्य कण उत्पन्न होते और नष्ट हो जाते हैं।" बाद में नोबेल पुरस्कार प्राप्त अमेरिकी वैज्ञानिक प्रो. अल्वरिस ने यह शोध कर दिखाया कि एक सेकंड में एक के आगे तेईस शून्य लगाने पर जितनी संख्या बनती है, उतनी बार परमाणु उत्पन्न होते हैं, परंतु तेज गति के कारण वस्तु आँखों को ठोस दिखाई देती है। इस सिद्धांत को बुद्ध ने ढाई हजार साल पहले ही खोज लिया था। इस प्रकार बुद्ध की क्षणभंगुरता, अनित्यता के सिद्धांत पर विज्ञान की मुहर लगी।

यह सच्चाई है कि प्रकृति में होनेवाले परिवर्तनों के सिद्धांत को हम इनकार नहीं कर सकते, क्योंकि इसी परिवर्तन के सिद्धांत पर ही सारा जगत् टिका हुआ है। आँखों को न दिखाई देनेवाले कई परमाणुओं के मेल से नए-नए तत्त्व बनते हैं, शरीर कई तत्त्वों के संयोजन से बना है। जब शरीर नष्ट होता है तो फिर पदार्थ बन जाते हैं, पदार्थों के विलीन होने से तत्त्व बन जाते हैं, जब तत्त्व विघटित होते हैं तो पुनः परमाणु बन जाते हैं। इस प्रकार सृष्टि-चक्र चलता रहता है। कारण और कार्य की यह कड़ी बहुत मजबूत है, जिसे तोड़ा नहीं जा सकता। कार्य-कारण अबाध गति से एक-दूसरे के पीछे लगे रहते हैं। एक के प्रकट होने पर दूसरा छिप जाता है। जब बीज नष्ट होता है तो पेड़ उग जाता है, जब बचपन नष्ट होता है तो जवानी-बुढ़ापा आ जाता है। जब दही बनता है तो दूध नहीं रहता। इस प्रकार कार्य के उत्पन्न होने पर कारण नष्ट होते हैं। यह नियम अटल है। विवेकवान इसे समझते हैं। वास्तव में यही विज्ञान है तथागत बुद्ध विश्व में

प्रथम महामानव हुए, जिन्होंने प्रतित्यसमुत्पाद के सिद्धांत का आविष्कार किया तथा इसे लोगों को समझाया। यही कारण है कि भगवान् बुद्ध को संसार का प्रथम वैज्ञानिक कहा जाता है। विश्व के समस्त वैज्ञानिक इस तथ्य को मानते हैं कि बौद्ध धर्म वैज्ञानिक धर्म है। आजकल सभी धर्म अपने-अपने धार्मिक सिद्धांत के वैज्ञानिक होने का दावा करते हैं, परंतु केवल बौद्ध धर्म ही है, जो विज्ञान के साथ कदम-से-कदम मिलाकर लंबी दूरी तय कर सकता है।

बुद्ध के इस दर्शन का व्यावहारिक पक्ष भी है और वह है दु:ख का नाश। व्यक्ति यदि यह समझ ले कि प्रत्येक समस्या का कोई-न-कोई कारण होता है तो वह सर्वप्रथम उस कारण को जानने का प्रयत्न करेगा। कारण जान लेने पर उसका निराकरण कर व्यक्ति दु:ख अथवा समस्या का निवारण कर लेगा। वह रूढ़ि परंपराओं, चमत्कारों और पाखंडियों से सदैव मुक्त रहेगा। आजकल बहुत सारे ऐसे तथाकथित तांत्रिक बाबाओं तथा पंडे-पुरोहितों की भरमार हो गई है, जो दु:खग्रस्त इनसान को मनोकामना सिद्धि के नाम पर अपनी ठगी का शिकार बनाते हैं। वे हवा में हाथ हिलाकर तरह-तरह के सामान निकालते हैं अथवा किसी स्थान से मूर्ति प्रकट होने की बातकर उन्हें मोहित करते हैं। इससे सीधी-सादी जनता अथवा समस्या से तड़पते इनसान उनके जाल में फँसकर लुट जाते हैं, परंतु 'प्रतित्यसमुत्पाद' को जो जानता है, अर्थात् कार्य-कारण के सिद्धांत को समझता है, वह कदापि धोखा नहीं खाएगा। शून्य से कोई चीज पैदा नहीं की जा सकती है, अगर हवा में हाथ लहराकर कोई कुछ चीजें पैदा करता है तो जरूर ही इसका कोई-न-कोई कारण होगा। इस तथ्य को जाननेवाला कभी दु:खग्रस्त नहीं होगा। अगर पहाड़ी के पीछे धुआँ है तो अवश्य ही वहाँ आग होगी, कोई जादू नहीं। अगर चंद्रमा में धब्बा दिखाई देता है तो इसका कारण चंद्रमा पर स्थित पत्थर-पहाड़ है। यदि चंद्र ग्रहण और सूर्य ग्रहण में चंद्र और सूर्य ढक जाते हैं तो इसकी वजह दोनों पर (चंद्र, सूर्य और पृथ्वी के एक सीध में आने के कारण)

क्रमश: पृथ्वी और चंद्र की छाया पड़ना है, परंतु ब्राह्मणी धार्मिक मान्यता के अनुसार चंद्रमा में दाग गौतम ऋषि द्वारा मृगचर्म से मारा गया दाग है और चंद्र-सूर्य दोनों को राहू द्वारा ग्रस लेने के कारण ग्रहण होते हैं। इस धार्मिक आस्था की आड़ में पाखंडी पंडों की ठग-विद्या खूब चली है। परंतु बुद्ध द्वारा स्थापित कार्य-कारण का सिद्धांत जान लेने पर व्यक्ति धार्मिक ठगी का शिकार नहीं होता है। चंद्र-सूर्य से संबंधित वैज्ञानिक आविष्कार ने कितने ही लोगों को ब्राह्मणी-अंधविश्वास के गहन गर्त में गिरने से बचा लिया। इस प्रकार कार्य-कारण का सिद्धांत बौद्ध धर्म-दर्शन का सार है, निचोड़ है।

प्रतित्यसमुत्पाद के द्वारा बुद्ध ने यह प्रमाणित किया कि संसार में कुछ भी शाश्वत अथवा अमर नहीं है। कुछ भी स्थायी और चिरंतन नहीं है। सबकुछ परिवर्तनशील है, नित्य है और इसका कोई अपवाद भी नहीं है। जैसे जाड़े के बाद गरमी और गरमी के बाद बरसात का मौसम आता है अथवा रात के बाद दिन और साँझ के बाद विहान, सूर्योदय के बाद सूर्यास्त होता है, उसी प्रकार मानव विचार, स्वभाव, सिद्धांत में परिवर्तन होते रहते हैं। प्रकृति में यह परिवर्तन-नियम अटल है और मानव हित में है, यदि प्रकृति की इस परिवर्तनशीलता में शिथिलता अथवा जड़ता आ जाए तो ब्रह्मांड का अस्तित्व ही मिट जाएगा। इस प्रकार मानव जीवन भी प्रकृति की भाँति सतत प्रवाहमान है, गतिशील है। इसीलिए भगवान् बुद्ध कहते हैं कि "संसार न तो ईश्वरकृत है और न ही इसकी उत्पत्ति आकस्मिक है। न कुछ आदि है और न ही कुछ अंत है। व्यक्ति, विचार, सिद्धांत और शास्त्र सभी परिवर्तनशील हैं। इसीलिए भगवान् बुद्ध ने आनंद से अपने जीवन के अंतिम क्षण में कहा है कि "हे आनंद! मेरे बाद विनय के छोटे-छोटे नियमों को समाप्त कर देना, आवश्यकतानुसार मेरे वचनों को परिवर्तित कर देना।" संसार के किसी धर्म प्रवर्तक ने अपने धर्म को इतना विज्ञानवादी नहीं बनाया है। सबने अपने-अपने वचनों को ही अंतिम सत्य माना है।

बुद्ध ने कार्य-कारण के सिद्धांत (प्रतित्यसमुत्पाद) को ही धम्म कहा है। अतः जो प्रतित्यसमुत्पाद को समझता है, वह धम्म को समझता है, जो धम्म को समझता है, वह बुद्ध को समझता है। कार्य-कारण के सिद्धांत की अज्ञानता के कारण ही व्यक्ति संसार में दुःख पाता है। दुःखों के निवारण के लिए दर-दर भटकता रहता है। जो इस सिद्धांत में विश्वास करता है, वह बौद्ध है। यह विश्व के किसी भी व्यक्ति पर लागू होता है, इसलिए बौद्ध धर्म विश्व धर्म है, अन्य धर्म, धर्म नहीं, बल्कि संप्रदाय हैं, जिसमें कुछ लोगों का समूह शामिल होता है। एक संप्रदाय का सिद्धांत दूसरे संप्रदाय पर लागू नहीं होता है, बल्कि दो संप्रदाय एक-दूसरे के विरोधी होते हैं। यही कारण है कि इसलाम में हिंदू को काफिर, हरामखोर कहा गया है, जबकि हिंदू धर्म के नेता अपने को विश्व-गुरु कहते हैं और दूसरे को मलेच्छ समझते हैं। दोनों धर्मों के बीच खूनी दंगे भी होते रहते हैं, जो धर्म की नजर में हमेशा निंदनीय है।

बौद्ध धर्म विज्ञान है, इसे एक और उदाहरण से समझा जा सकता है। कहा जाता है कि इस संसार की रचना ईश्वर ने ही की है, यदि यह मान भी लिया जाए तो प्रश्न उठता है कि ईश्वर ने इस संसार को कैसे बनाया है ? शून्य से अथवा पूर्वस्थित किसी पदार्थ अथवा पुद्गल से। विज्ञान के अनुसार कोई चीज शून्य से निर्मित नहीं की जा सकती है, अतः प्रथम प्रश्न तो खारिज हो गया, यदि दूसरे प्रश्न के उत्तर में ईश्वरवादी यह तर्क देते हैं कि ईश्वर ने संसार की रचना किसी पूर्वस्थित पुद्गल से की है तो फिर कैसे कहा जा सकता है कि संसार को ईश्वर ने ही बनाया है ? यह तो कमाल उस पूर्वस्थित पदार्थ का है, जिससे संसार निर्मित हुआ है। विज्ञान ने यह स्पष्ट कर दिया है कि पृथ्वी और पृथ्वी पर जीवन का उद्भव कैसे हुआ ? इस प्रकार यह प्रमाणित होता है कि बौद्ध धर्म-दर्शन वैज्ञानिक दर्शन पर आधारित है।

□

उपसंहार

बुद्ध के पहले सामाजिक विसंगति एवं प्रकृति-विनाश की स्थिति पराकाष्ठा पर थी। वैदिक संस्कृति से उत्पन्न इन विकृतियों के विरुद्ध बुद्ध ने जो जीवनपर्यंत संघर्ष किया, 'बहुजन हिताय, बहुजन सुखाय एवं लोकोनुकंपाय' का जो अभियान चलाया, उनसे बौद्ध वाङ्मय ओत-प्रोत है। बुद्ध ने लोकहित में मनुष्य के कल्याण को ही विषय नहीं बनाया, बल्कि प्राणिमात्र के संरक्षण के लिए अहिंसा, करुणा, प्रकृति-संरक्षण एवं परिस्थिति विज्ञान के नए आयामों की ओर सक्रियता जारी रखी। पेड़, पौधे, नदी, झील, सरोवर, वन, उपवन, पर्वत शृंखला आदि की स्वच्छता के लिए बुद्ध ने क्रांतिकारी अभियान चलाया। इसमें बुद्ध के जीवन-चरित, जन्म, ज्ञान प्राप्ति, ज्ञान-प्रसार एवं निर्वाण के चरणों में परिस्थिति विज्ञान तथा पर्यावरण संरक्षण के क्रिया-कलापों का पता चलता है। उनके समकालीन नगर एवं नगर-जीवन, समाज में व्याप्त विरोधाभासी परिस्थितियों, जातिवाद, मानव-मानव में शत्रुता, प्राणिमात्र के प्रति नृशंसता आदि से प्रकट होता है कि भारतीय समाज में चुनौतीपूर्ण स्थिति थी। इनके समाधान में समसामयिक शासक वर्ग एवं प्रमुख व्यक्तियों की भूमिका भी उल्लेखनीय है।

बौद्ध धर्म के संपोषक सम्राट् अशोक ने बौद्ध धर्म से प्रभावित होकर पर्यावरण के संतुलन हेतु अनेक पुण्य कार्य किए। अशोक ने अपने शिलालेखों के माध्यम से दया, करुणा, अहिंसा एवं मैत्री का

संदेश देकर पर्यावरण को प्रदूषण से बचाने का प्रयास किया। अशोक ने अपने प्रथम शिलालेख में प्राणी हिंसा पर रोक लगाने हेतु कहा है कि "पहले देवों के राजा प्रिय प्रियदर्शी की पाकशाला में प्रतिदिन कई लाख प्राणी सूप के लिए मारे जाते थे, परंतु आज जब यह धर्म लिपि लिखवाई, तब तीन प्राणी मारे जाते हैं—दो मोर और एक मृग। ये तीन प्राणी भी बाद में नहीं मारे जाएँगे।" द्वितीय शिलालेख में सम्राट् अशोक ने स्पष्ट किया है कि दो प्रकार की चिकित्सा अर्थात् मनुष्यों के लिए उपयोगी और पशुओं के लिए उपयोगी औषधियाँ जहाँ-जहाँ नहीं हैं, वहाँ-वहाँ लाकर लगवाई गईं। मार्गों में मनुष्यों और पशुओं के सुख के लिए कुएँ खुदवाए गए और वृक्षादि लगवाए गए। सम्राट् अशोक ने अपने पाँचवें स्तंभ लेख में वन्य प्राणियों के अवध्य रखने एवं वनों के काटने पर रोक लगाते हुए अंकित कराया कि अपने इस अभिलेख के छब्बीस वर्ष बाद मैंने इन प्राणियों को अवध्य घोषित कर दिया है, वे हैं—तोता, मैना, अरुण, चक्रवाक, हंस, नंदिमुख, गेलाट, चमगादड़ (जतुका), चींटी, कच्छपि, अस्थिहीन मछली, वेद वेयक, गंगा पपुटक, संकुज्जमछ, कछुआ, खरगोश, गिलहरी, बारहसिंघ, साँड़, घर के कीट, गेंडा, श्वेत कबूतर, ग्राम कबूतर तथा वे सभी चौपाए, जो न उपयोग में आते हैं और न खाए जाते हैं। गर्भवती या दूध पिलाती हुई भेड़, बकरी और सूकरी और उनके छह महीने से कम के बच्चे भी अवध्य हैं। व्यर्थ ही मुरगों को भी नहीं काटना चाहिए। तीनों चातुर्मासों की पूर्णिमा को या पौष नक्षत्र की पूर्णिमा के तीन दिनों में अर्थात् चतुर्दशी, पूर्णिमा और प्रतिपदा के तथा त्रयोदशी और उपवास के दिनों में मछलियाँ नहीं मारनी चाहिए और न बेचनी चाहिए। इन्हीं दिनों को हाथियों के वन और मल्लाहों के तालाबों में जो अन्य जीव समूह हैं, उन्हें न मारें। प्रत्येक पक्ष की अष्टमी, चतुर्दशी और पंचदशी तिथि को पौष या पुनर्वस्तु नक्षत्रों में तीनों चातुर्मासों की पूर्णिमाओं को बैल को लांक्षित नहीं करना चाहिए, अर्थात् दागना नहीं

चाहिए। बकरा, भेड़ा, सुअर और अन्य भी जो प्राणी दागे जाते हैं, उन्हें नहीं दागा जाना चाहिए। पुष्य और पुनर्वसु नक्षत्रों में, चातुर्मास की पूर्णिमा को और चातुर्मास की पूर्णिमा के दोनों पक्षों में घोड़े या बैल को दागना नहीं चाहिए। अब तक छब्बीस वर्षों तक राज करने में, मैंने पच्चीस बार बँधे हुए लोगों को छोड़ा है, अर्थात् बंदियों को मुक्त किया है।

इस प्रकार अशोक ने अपने समकालीन समाज की विषम परिस्थितियों में शांतिपूर्ण हस्तक्षेपों के द्वारा सर्वथा नए प्रयास किए, जिनके अभूतपूर्व परिणाम सामने आए, नया समाज, नया मानवीय स्वरूप, नए आदर्श प्रकट हुए। युद्ध और शांति, दया, करुणा, अनुशोचना, आत्मपरिशोधन, वास्तविक समाज-सेवा, सामाजिक एवं सांस्कृतिक छवि, राजनीतिक एवं प्रशासनिक संरचना जैसी विधाओं में अशोक ने नए प्रयोग किए। बौद्ध वाङ्मय ही उसका मूल प्रेरक स्रोत था, जहाँ से उसने परिस्थिति विज्ञान एवं पर्यावरण संरक्षण की दिशा में सफलता के सोपान स्थापित किए। वर्तमान विश्व की इन समस्याओं के समाधान में उपर्युक्त विषयों की प्रासंगिकता सर्वथा सच है।

पिछले अनेक दशकों से जापान, कोरिया, ताईवान, थाईलैंड, वियतनाम एवं दक्षिण पूर्व एशिया के अन्य देशों ने बौद्ध वाङ्मय को आशातीत ढंग से समृद्ध किया है, खासकर जापान के उदारमना बौद्ध संगठन रिश्हों कोसेइकाउ (Risshop Kossikai) ने अपनी शताब्दियों के इतिहास में भागीरथ प्रयत्न किए हैं। एक पत्रिका Dharma World For living Buddhism and Interfaith Dialogue, Sept.-Oct., 1997 के अनुसार रिश्सो कोसेइकाई के तत्त्वावधान में अभूतपर्वू कार्य किए गए, जो वर्तमान अवस्था में पर्यावरण पारिस्थितिकी के क्षेत्रों में अनुकरणीय है। इथियोपिया जब अनवरत अंतर्कलह और युद्ध के विनाश को झेल रहा था, तब इसी जापानी संस्था के समर्पित बत्तीस सदस्यों ने वहाँ के स्थानीय स्वायत संगठनों से कदम-से-कदम मिलाकर

वृक्षों का रोपण करके वन संपदा का संरक्षण किया था। उस समय इथियोपिया 1991 में भीषण दुर्भिक्ष, वर्षाभाव के कारण तबाही में था, वहाँ का तिग्रे प्राप्त वीरान हो चुका था। इसी संस्था ने Relief Society of Tigre के सहयोग समन्वय में 1993 में रात-दिन परिश्रम करके तीस हज़ार वृक्षारोपण किया, जिससे शीघ्र कालांतर में सघन वन खंड का मधुर पर्यावरण पुनरुज्जीवित हो गया और वहाँ से पलायित पशु-पक्षी-जलचर-थलचर प्राणियों को पुनर्वास मिला। बौद्ध वाङ्मय में अंतर्निहित विचारधारा से प्रेरित होकर ही इस प्रकार की सक्रियता थी कि असंभव को संभव बना दिया।

1992 ई. से जब प्रथम पृथ्वी सम्मेलन का आयोजन रिओ-डी-जेनेरो (Rio-de-Jenero) में हुआ, तब एक प्रकार से पर्यावरण संरक्षण की दिशा में भूमंडलीय क्रांति का माहौल प्रकट हुआ था। इसमें एक सौ तिहत्तर देशों के प्रतिनिधियों ने भागीदारी की थी। यद्यपि विश्व के कुछ अति धनाढ्य साम्राज्यवादी देशों ने इस शुभारंभ की घड़ी में ही अपनी मुनाफाखोरी की घटिया नीति का संघत करने की कोशिशें कीं, जिनका जमकर विरोध करके उनकी मंशा को बौद्ध जगत् के प्रतिनिधियों ने प्रगतिशील खेमों के साथ मिलकर नाकाम कर दिया। दूसरा सम्मेलन 1997 के जुलाई महीने में 23 से 27 तारीख तक आयोजित हुआ, जिसमें इक्कीसवीं सदी 'पर्यावरण की शताब्दी' घोषित की गई। बीसवीं सदी की पृथ्वी दो महायुद्धों की विनाशलीला से क्षत्-विक्षत् हो चुकी है। मानवता प्रकंपित हो चुकी है। इसी में यह भी निर्णय लिया गया कि जर्मनी का बोन (Bonn) नगर भूमंडलीय पर्यावरण संरक्षण का केंद्र या मुख्यालय होगा और इस प्रकार 2000 में इक्कीस महानगरों के प्रतिनिधियों ने भाग लिया। इसके अंतर्गत सर्वेक्षण से पता चलता है कि नगरीकरण की सुख-सुविधाओं के जुटाने में पर्यावरण का सर्वाधिक होम होता है। इन तमाम घटनाओं से प्रेरित होकर थाई बौद्धों ने एक नया इतिहास रच दिया। थाई

जंगल-संपदा को वन-माफिया से बचाने के लिए भिक्षुओं ने विराट् वृक्षों को बौद्ध विधि से दीक्षित करके गेरुआ चीवर पहनाना शुरू कर दिया, जिससे वन-पर्यावरण-संरक्षण की दिशा में क्रांति हो गई। थाई जंगलों में हिंसक पशु बाघों को भिक्षुओं ने शाकाहारी बनाकर चमत्कार प्रकट किए, जिसे सार्वजनिक समर्थन मिला।

बौद्ध वाङ्मय में वर्णित पर्यावरण संरक्षण तथा पारिस्थिति की विज्ञान को बौद्ध धर्म की जन्म-भूमि भारत में आगे बढ़ाना नितांत आवश्यक है। आज विश्व जिस पर्यावरण सुरक्षा का प्रचार-प्रसार कर रहा है, उसका संकेत आज से 2600 वर्ष पूर्व भगवान् बुद्ध के जन्म के समय से ही मिलता है। प्रारंभिक काल में जब विश्व की जनसंख्या कम थी। पर्यावरण प्रदूषण मानव समाज के लिए एक अभिशाप बन गया है। अनियंत्रित जनसंख्या के कारण प्रकृति पर बोझ बढ़ता जा रहा है। मानव की आवश्यकताएँ क्रमशः बढ़ती जा रही हैं। कल-कारखाने, रासायनिक गैस, वाहन प्रदूषण, पेड़-पौधों का कटाव, जल-प्रदूषण, वायु प्रदूषण आदि अनियंत्रित मानवीय क्रिया-कलापों के कारण संपूर्ण पर्यावरण प्रदूषित हो गया है। मानव ही प्रकृति प्रदत्त भूमि, जल एवं वायु को प्रदूषित करनेवाला मुख्य अभिकर्ता है। मानव के असंतुलित व्यवहार के कारण आज विश्व में भ्रष्टाचार, हिंसा, द्वेष, असमानता एवं अराजकता की स्थिति उत्पन्न हो गई, जिसने पर्यावरण की स्वच्छता को प्रदूषित कर दिया है। चरक ने स्वस्थ जीवन के लिए मन पर पर्यावरण का प्रभाव दरशाया है। स्वस्थ मन से ही व्यक्ति मानव कल्याण, नैतिकता एवं मैत्री की बात सोच सकता है।

प्रकृति और मानव का संबंध अत्यंत घनिष्ठ रहा है। समाज में मन को विकृत एवं विक्षिप्त करनेवाले अनेक तत्त्व हैं, लेकिन प्रकृति के वातावरण में मन शांत रहता है, एकाग्र हो जाता है। इसलिए महान् योगी प्रकृति की गोद में साधना किया करते थे। उद्यान, वन, उत्तुंग पर्वत

शिखर, एकांत गुफाएँ एवं नदी तट जैसे निर्जन स्थानों पर ही भिक्षुओं ने ध्यान भावना कर निर्वाण का साक्षात्कार किया था। प्रकृति से न केवल उनकी साधना को अनुकूल वातावरण प्राप्त था, अपितु उन्हें अपनी साधना में अनेक प्रेरणाएँ भी मिलती थीं। पर्वत गुफाओं में ध्यान करते हुए अनेक भिक्षुओं के चित्र हमें थेर गाथा में मिलते हैं। वर्षा ऋतु के समाप्त होने पर एक भिक्षु अपना उद्गार व्यक्त करते हुए कहते हैं, "नई वर्षा से सिक्त हो पर्वतों पर वृक्ष लहराते हैं, यह ऋतु एकांत अरण्य में मेरे मन को अधिकाधिक स्फूर्ति प्रदान करती है।" महाकाश्यम भिक्षु को भी वन एवं पर्वत से काफी लगाव था। वे उद्गार व्यक्त करते हुए कहते हैं कि "वरना के पेड़ों की पंक्तियों से विस्तृत रूप से भरे मनोरम भूमि-भागवाले कुंजनों से युक्त एवं रमणीय वे पर्वत मुझे प्रिय हैं। ऋषियों से सेवित, मोरों के शब्दों से सदा निनादित वे पर्वत मुझे प्रिय हैं। स्वच्छ जल, विस्तृत शिलाएँ, जो लंगूरों और मृगों से भरे हैं, जहाँ शैवाल से आच्छादित जलाशय हैं, वे पर्वत मुझे प्रिय हैं।" संकिच्च नामक भिक्षु ने सभी प्राणियों के सुख की कामना करते हुए प्रकृति प्रदत्त वस्तुओं के प्रति लगाव व्यक्त किया है। वे उद्गार व्यक्त करते हुए कहते हैं, "अरण्यों में, कंदराओं में, गुफाओं में और जंगली जानवरों से सेवित निवास स्थानों में मैंने वास किया। इन प्राणियों का हनन हो, वध हो या वे दु:खी हों, ऐसा अनार्य और दोषयुक्त विचार मुझे नहीं हुआ।"

इस प्रकार उपर्युक्त अध्ययनों के परिप्रेक्ष्य में वर्तमान समय में पर्यावरण संरक्षण की दिशा में पारिस्थितिकीय संतुलन बनाए रखने के लिए प्रकृति प्रदत्त ऊर्जा को सुरक्षित रखना आवश्यक है। अधिक-से-अधिक भूमि में वन लगाना, जंगल के पेड़-पौधे काटने पर रोक, जीर्ण एवं रोगग्रस्त पौधों के स्थान पर नए वृक्षारोपण की व्यवस्था, जंगल काटने एवं जलानेवाले व्यक्तियों को घोर दंड की व्यवस्था, नए-नए वन विभागों की स्थापना एवं लोगों में वनों की उपयोगिता संबंधी जानकारी

हेतु रेडियो एवं दूरदर्शन के माध्यम से प्रचार-प्रसार ऐसे महत्त्वपूर्ण कदम हैं, जिनसे पर्यावरण असंतुलन को रोका जा सकता है। पारिस्थितिकी संतुलन बनाए रखने में वनों का महत्त्वपूर्ण स्थान है। वनों के संरक्षण हेतु राष्ट्रीय एवं अंतरराष्ट्रीय स्तर पर प्रयास किया जा रहा है। वन संरक्षण हेतु 1948 ई. में International Union for Conservation of Nature and Natural Resources नामक संस्था की स्थापना की गई, जिसका प्रधान कार्यालय स्विट्जरलैंड में स्थित है। 1962 में IUCNNR के अंतर्गत 'World Wild Life Fund' नामक एक दूसरी संस्था की स्थापना की गई, जिसका मुख्य कार्य धन-संग्रह कर उसका उपयोग पर्यावरण को संतुलित बनाए रखने हेतु वनों के संरक्षण के संदर्भ में किया जाता है। 1972 में भारत सरकार ने WWF को स्वीकृति प्रदान कर भारत में पर्यावरण संरक्षण हेतु विविध विकास के कार्यों का आयोजन किया है। भारत में प्रत्येक वर्ष एक से आठ अक्तूबर तक एक सप्ताह 'वन दिवस' के रूप में मनाया जाता है। इसके अंतर्गत वन-महोत्सव, नए पेड़-पौधे लगाने एवं अन्य वन्य प्राणी, जो धीरे-धीरे लुप्त होते जा रहे हैं, उन्हें पुनः संरक्षण प्रदान किया जा रहा है। पर्यावरण विज्ञान जैसे पाठ्यक्रम अगर विश्व के प्रत्येक विद्यालय, महाविद्यालय एवं विश्वविद्यालय में क्रियान्वित किए जाएँ तो निश्चय ही पर्यावरण प्रदूषण रोकने एवं पर्यावरण संतुलन बनाए रखने में मदद मिल सकती है।

उपर्युक्त विषय के गहन अध्ययन के पश्चात् कहा जा सकता है कि मानव जीवन प्रकृति का ही एक अंग है। अगर प्रकृति असुरक्षित है तो मानव जीवन भी असुरक्षित रहेगा। पर्यावरण को प्रदूषणमुक्त रखने के लिए प्रत्येक मानव को सरल जीवन-यापन हेतु विचार करना श्रेयस्कर होगा, ताकि वर्तमान एवं भविष्य में आनेवाली पीढ़ियों को इससे मुक्ति मिल सके।

❑

संदर्भ-ग्रंथ

1. बुद्धधर्म दर्शन—आचार्य नरेंद्र देव, बिहार-राष्ट्रभाषा-परिषद्, पटना
2. लाइफ इन एनशिएंट इन प्री-मौर्यन टाइम्स—डॉ. मदन मोहन सिंह, मोतीलाल बनारसीदास, दिल्ली
3. बुद्धकालीन राजगृह—अनंत कुमार, पटना
4. बुद्धकालीन भारतीय भूगोल—भरत सिंह उपाध्याय, प्रयाग
5. जेतवन-श्रावस्ती—राहुल सांकृत्यायन, सारनाथ
6. ए हिस्ट्री ऑफ बुद्धिज्म इन नेपाल—डॉ. राजेंद्र राम, पटना
7. साइंस, टेक्नोलॉजी एंड मेडिसिन इन इंडियन हिस्ट्री—विजय कुमार ठाकुर, पटना
8. पुरातत्त्व और बिहार—कुमार अमरेंद्र, पटना
9. मज्झिमनिकाय (संपादित)—बी. ट्रंकनर और आर. चामर्स, पी.टी.एस., लंदन
10. मिलिंदपन्हो (संपादित)—आर.डी. वाडेकर, बंबई
11. बौद्ध तथा जैनधर्म—महेंद्रनाथ सिंह, विश्वविद्यालय प्रकाशन, वाराणसी
12. बौद्ध वाङ्मय में पर्यावरण : एक सर्वेक्षण—डॉ. राजेंद्र राम, बोधगया

13. बुद्धचरित—राहुल सांकृत्यायन, सारनाथ
14. विनय पिटक (संपादित एवं अनुदित)—राहुल सांकृत्यायन
15. अशोक—डॉ. योगेंद्र मिश्र, ग्रंथमाला कार्यालय, पटना
16. बुद्धचरित—ले. अश्वघोष, अनु. सूर्यनारायण चौधरी, दिल्ली
17. युवाओं के लिए बुद्ध—ले. एस. भट्टाचार्य, अनु. मधुकर उपाध्याय, राष्ट्रीय न्यास परिषद्, नई दिल्ली
18. बौद्ध वाङ्मय में पर्यावरण संरक्षण—डॉ. शुभांगी, जानकी प्रकाशन, पटना
19. बौद्ध संस्कृति—राहुल सांकृत्यायन, सम्यक् प्रकाशन, नई दिल्ली
20. भारत में बौद्ध धर्म का इतिहास—ले. लामा तारनाथ विरचित, अनु. रिगजिम लुंडुप लामा, काशी प्रसाद जायसवाल शोध संस्थान, पटना
21. बौद्ध संस्कृति के विविध आयाम—डॉ. अंगने लाल, उत्तर प्रदेश हिंदी संस्थान, लखनऊ
22. भगवान् बुद्ध जीवन और दर्शन—ले. धर्मानंद कोसंबी, अनु. श्रीपाद जोशी, लोक भारती प्रकाशन, इलाहाबाद
23. बुद्धकालीन आर्थिक जीवन—नरमदेश्वर कुमार, जानकी प्रकाशन, पटना
24. थेरी गाथा—डॉ. विमलकीर्ति, सम्यक् प्रकाशन, नई दिल्ली
25. थेर गाथा—डॉ. विमलकीर्ति, सम्यक् प्रकाशन, नई दिल्ली
26. बौद्ध धर्म का लोक कल्याणकारी स्वरूप : एक अध्ययन— मुकेश कुमार सिंह एवं मीना सिंह, भारती प्रकाशन, वाराणसी
27. बौद्ध धर्म : उत्पत्ति, उत्कर्ष और अवसान—डॉ. अनुपमा कुमारी, जानकी प्रकाशन, पटना